Cómo hablar con su
con su
Esposa

Patti McDermott

Cómo hablar con su con su Esposa

COMPAÑIA EDITORIAL, S.A.
MEXICO

1a. Edición, Noviembre de 1996
9a. Impresión Mayo del 2001

ISBN 968-890-165-2

A mi marido, George Boroczi,
que sigue hablando y escuchando
después de todos estos años.

Contenido

Agradecimientos

Deseo dar las gracias a todos mis clientes, pasados y actuales, por compartir conmigo los problemas de sus relaciones. También deseo mostrar mi agradecimiento a mis agentes, Betsy Amster y Angela Miller, por creer en mí. Además de ser mi agente, Betsy ha sido mi editora, mi apoyo y mi animadora en varias ocasiones. Es una magnífica amiga. La exhortación inicial de Betsy fue también lo que me impulsó a escribir este libro.

Estoy agradecida con mi editor en Contemporary, Gene Brissie, por confiar en mi visión de este libro y por darme libertad para desarrollar mis ideas. También deseo dar las gracias a Elena Anton Delaney por hacer un buen trabajo al revisar el manuscrito.

Mi hermana, Joanne Fahnestock, me apoyó con entusiasmo mientras escribía este libro, como lo ha hecho con todo en mi vida. Susan Cox compartió conmigo algunas ideas interesantes acerca de las relaciones. Annette DiSano me escuchó e hizo sugerencias durante nuestras largas caminatas con los niños. Beverly Engel proporcionó información útil después de leer algunas partes del

vii

libro. Durante nuestros desayunos mensuales, Alan Fox escuchó mis informes sobre el progreso del libro y ofreció sus ideas y estímulo a lo largo del camino.

Doy también las gracias a Kenna Crabtree por responder con paciencia mis preguntas sin fin acerca de las computadoras.

Por último, deseo expresar mi aprecio y amor a mi marido, George Boroczi, a quien dedico este libro, y a mis hijos, Scott, Kim, Dylan y Kyle. En verdad soy afortunada al tener una familia extraordinaria.

Prólogo

A menudo, mi trabajo como terapeuta de parejas por lo general se reduce a traducir lo que se dicen mutuamente los esposos. Como es probable que haya descubierto, a pesar de que usted y su esposa hablan el mismo idioma, para usted, las palabras tienen con frecuencia significados diferentes. Tomemos la palabra *hablar*. Para su esposa, hablar significa comentar acerca de *todo:* sus sentimientos, los sentimientos de usted, los sentimientos de su jefe, los pensamientos fugaces y los problemas. Sin embargo, para usted, hablar quizá signifique compartir algunos de sus sentimientos, transmitir información, dar instrucciones o discutir eventos deportivos o políticos. No está acostumbrado a la charla ni a la conversación trivial. Si dice algo, tiene que tener algún significado.

Cuando su esposa pregunta: "¿Qué sucede?", lo que quiere decir es: "Cuéntame todo". No se contentará con una respuesta tal como "Nada" o "No es el momento". Ella podría pensar que no desea hacerle comentarios o que no desea compartir su día. Es probable que ella diga: "Nunca quieres hablar conmigo".

Al iniciar la terapia, las parejas se resisten a que interprete lo que hablan. Lo que cada uno desea es que yo me ponga de su parte y declare que el otro está equivocado. Los hombres y las mujeres esperan que su pareja hable su idioma. Digamos que su esposa llega a casa molesta y le cuenta un problema que tiene en el trabajo. Cuando termina, usted podría decir: ''No es tan malo. Puedes resolverlo''. Ella, en lugar de apreciar su comentario, podría responder: ''No te importan mis sentimientos''. A partir de este momento, por lo general la conversación empeora. Es probable que usted y su esposa se sientan mal comprendidos. En este momento es cuando resulta útil un intérprete. Yo reinterpretaría su conversación de esta manera:

Usted: No es tan malo. Puedes resolverlo.

Traducción: Deseo animarte. Al no ahondar en el problema, te estoy diciendo que tengo confianza en que podrás resolverlo.

Su esposa: No te importan mis sentimientos.

Traducción: Me siento desdeñada, como si mis problemas no fueran importantes. Eso hiere mis sentimientos y me enfado cuando me apartas.

Es desconcertante tratar de sostener una conversación con su esposa, sólo para descubrir que lo que usted considera obvio, ella no lo comprende o está en desacuerdo total con eso. Por ese motivo resulta tentador quejarse o conseguir apoyo de sus amigos, puesto que comprenden lo que usted quiere decir. Puede parecer más fácil desdeñar a su esposa con frases tales como: ''Es muy emotiva'' o ''Habla constantemente, pero no dice nada''. Al quejarse con sus amigos, es menos factible que persista en su intento por comprender a su esposa. En cambio, termina reforzando todos esos estereotipos desagradables.

Los estereotipos relacionados con el género limitan la relación en las dos partes. Por ejemplo, si siempre tiene que

ser fuerte e invulnerable, porque es hombre y su esposa tiene
que ser vigorizante y sacrificarse, porque es una mujer, van a
comunicarse a través de un abismo muy grande y limitarán
sus oportunidades de cercanía.

Gracias al movimiento de liberación femenina y al movimiento de liberación masculina, los hombres y las mujeres se esfuerzan por expresar todas sus facetas, desde la racional, hasta la puramente emotiva. Por primera vez, los esposos tratan de tener relaciones íntimas, de ser amigos. Esto es revolucionario. Después de todo, hasta hace unas décadas, el matrimonio era más un contrato, principalmente para tener hijos. Los hombres y las mujeres estaban atrapados en papeles rígidos y prescritos.

Aprender a hablar entre sí es muy importante en el proceso de acercamiento. Sin embargo, se necesita práctica. La investigación actual indica que hay diferencias de género en la comunicación. Aquí es donde interviene este libro. ¡En lugar de sólo criticarse mutuamente o de sentirse frustrados, usted y su esposa aprenderán cómo se comunica el otro, una vez que lo sepan, podrán hablar en verdad entre sí y comprenderse!

Para que funcione su matrimonio, usted y su esposa tienen que comprender y respetar sus diferencias mutuas y estar abiertos a cambiar su comportamiento para adaptar su relación. Si, en lugar de escucharla, trata de imponerse (o viceversa), pierde el don especial del matrimonio, que es el compañerismo verdadero.

Complica todavía más la situación el hecho de que usted y su esposa quizá aprendieron de sus padres patrones diferentes para expresarse. Tal vez su padre se alejaba de su madre frustrado y se quejaba con usted: "Mujeres... no importa lo que hagas, nunca les das gusto". Quizá la madre de su esposa se quejaba con ella: "Hombres... creen que saben todo". Pudiera ser que cuando usted y su esposa hablen sobre algún tema, descubran que dicen o al menos piensan lo mismo.

Cada miembro de una pareja llega al matrimonio con la carga de su familia de origen. La parte difícil se presenta cuando trata de separar su carga de la que pertenece a su esposa. Los patrones que aprendió de sus padres a menudo están tan fijos en su modo de ser, que los siente fundamentales, parte de lo que usted es. Sin embargo, para lograr una relación más abierta se requiere del deseo de experimentar y olvidarnos de nuestras antiguas maneras de relacionarnos. Esto significa confesar con sinceridad sus propios puntos vulnerables y esperar que su esposa haga lo mismo. Para lograr que su matrimonio funcione, se requiere honestidad, así como compromiso y negociación.

Acerca del libro

Cómo hablar con su esposo/ Cómo hablar con su esposa está diseñado para proporcionarle las herramientas que necesitan para hablar entre sí. Les ayudará no sólo a lograr la comunicación, sino también a solucionar las diferencias personales de una manera práctica y hábil.

Los títulos de los capítulos son los mismos en las dos partes del libro y cubren lo que considero los principales puntos problema en el matrimonio: intimidad, niños, dinero, sexo y vida cotidiana. Dentro de cada capítulo incluyo algunas quejas, preocupaciones y dificultades más comunes y proporciono varias formas alternativas para hablar sobre esos temas con su esposa o para responder a sus discusiones con usted.

Intimidad

Si interrogamos a los hombres, la mayoría dirá que desea una relación íntima o estrecha con sus esposas. Sin embargo, el nivel de intimidad que le acomoda y quizá su forma de lograrlo puede ser diferente de la de su esposa. Por ejemplo, las mujeres tienden a relacionar el hecho de hablar con la intimidad. Por otra parte, usted quizá sienta intimidad con su esposa al sentarse y mirar la televisión juntos.

Puesto que en nuestra cultura consideramos a las mujeres expertas en la intimidad, tal vez usted sienta que le falta experiencia en esto. En el capítulo uno, ''Intimidad'', aprenderá cómo escuchar las necesidades de su esposa, sin sentirse responsable de ellas. Su forma de lograr la intimidad es igualmente importante y válida, pero para que su esposa sepa esto, tiene que tener la capacidad de decírselo. Discuta las formas en que puede compartir estos pensamientos con su esposa, para que ella sepa lo que puede hacer para sentirse más cerca de usted.

Niños

Sin importar qué tanto estén de acuerdo usted y su esposa respecto a sus hijos, es probable que tengan puntos de vista diferentes sobre algunos asuntos de la educación de los niños. Los esposos difieren con frecuencia sobre cuánta educación y disciplina debe tener un niño. Sus opiniones acerca de cómo deben ser educados los hijos con frecuencia parecen estar grabadas en piedra, aprendidas o decididas mucho antes de iniciar una relación.

El capítulo dos, ''Niños'', lo ayudará a discutir su punto de vista con su esposa, así como a escuchar lo que ella tiene que decir. El objetivo es aprender que ni usted ni su esposa tienen que tener un control total en la educación de sus hijos. Una investigación reciente sugiere que los hombres y las mujeres educan a sus hijos de diferente manera y que, en lugar de confundir a los niños, los diferentes estilos de mamá y papá en realidad los benefician. (Por supuesto, hablo sobre las diferencias dentro de un campo saludable. Ningún padre debe aceptar que el otro padre abuse de sus hijos). Aceptar las diferencias mutuas, aunque difícil, es esencial para la educación de los niños en un hogar menos conflictivo.

Dinero

El hablar de dinero puede degenerar con rapidez en argumentos que no conducen a ninguna parte. Esto se debe a que el dinero es también un símbolo de otras cosas: nivel social para usted, tal vez seguridad para su esposa. Estas actitudes afectan todo respecto al dinero: cómo lo gasta y en qué, cuánto ahorra y de qué manera. Debido a que el ahorro en comparación con el gasto es importante para la seguridad y los asuntos de poder, el dinero es un tema amplio que con frecuencia inquieta a los esposos.

Este capítulo discute cómo escuchar las preocupaciones de su esposa y cómo expresar las propias. Si no escucha a su esposa o si ella no lo escucha, es probable que cada uno de ustedes interprete mal la inseguridad del otro como una demanda. Es la inseguridad de usted y de su esposa lo que necesita ser comprendido.

Sexo

Por supuesto, está el tema del sexo. Los hombres tienden a sentirse vulnerables en relación con el desempeño; las mujeres en lo relacionado con el atractivo. Resulta difícil hablar sobre un tema que con mucha facilidad puede resultar hiriente, por lo que con mucha frecuencia, las parejas no hablan sobre esto. Algunos problemas sexuales que subsisten durante años en un matrimonio pueden resolverse con facilidad, si la pareja habla abiertamente entre sí.

El capítulo cuatro, "Sexo", sugiere varias formas para tener sexo. Con qué frecuencia desea tener sexo, cómo y cuándo son temas que pueden discutirse de una manera amena. Muchas parejas sencillamente no esperan que su vida sexual cambie a través del tiempo, como por supuesto sucede. Cuando el sexo está disponible sin dificultad y tiene la misma pareja, surgirán ciertos hábitos. En ocasiones, quizá sienta que ha caído en una rutina. El poder discutir esas rutinas, preferencias y aversiones es esencial para una relación sexual sana.

xiv

Vida cotidiana

Vivir juntos día con día causa tensión a una relación. Los enfados sin importancia pueden convertirse con rapidez en problemas importantes, si no los discute. También, si busca una manera para evitar hablar sobre asuntos reales, el enfadarse porque su esposa deja recipientes de yogur a medio comer en el refrigerador y platos sucios en el fregadero puede mantenerlo ocupado durante meses. Resulta más sencillo sostener una riña acerca de quién lavó los platos o limpió los excusados la última vez, en lugar de hablar sobre si están satisfechas sus necesidades de amor, afecto o apoyo. La mayoría de las parejas temen ampliar estos temas más serios, porque no saben cómo resolver argumentos.

El capítulo cinco, "Vida cotidiana", ilustra las formas en que usted y su esposa pueden resolver asuntos cotidianos molestos, sin quedar atrapados en discusiones que no conducen a ninguna parte. También aprenderá cómo sostener una "buena riña", que resulte productiva y no destructiva.

Cómo utilizar este libro

Puede utilizar este libro en una de dos formas: si se siente emprendedor, lea todo el libro (los dos lados) y después lea nuevamente un tema particular cuando se le presente ese problema.

Si no tiene tiempo suficiente, consulte un problema en particular y deje el resto del libro para más tarde. Por ejemplo, si piensa que su esposa pasa demasiado tiempo con los niños y no suficiente con usted o si desea que inicie el sexo para tener un cambio, consulte directamente la página 20, "Nunca tiene tiempo para mí", o la página 62, "Siempre tengo que iniciar el sexo". Lea también el capítulo correspondiente en la parte del libro dedicada a su esposa, para tener noción de lo que ella puede estar experimentando.

Aspecto general

Mejorar la comunicación con su esposa lo ayudará también en sus otras relaciones. Las mujeres y los hombres tienen herramientas diferentes en su arsenal; en lugar de esperar que su esposa cambie para que encaje en su marco de referencia, ¿por qué no intenta adoptar algunas de sus estrategias? Por ejemplo, puede aprender de ella cómo escuchar sin sentir la obligación de dar un consejo o confianza.

Usted y su esposa iniciaron una aventura excitante. Luchar por una relación íntima que ya no esté limitada a maneras de hablar estrictamente "masculinas" o "femeninas" abrirá todo un nuevo mundo para ambos. *Cómo hablar con su esposo/Cómo hablar con su esposa* ayudará a ambos a lograr la intimidad y el compañerismo que desean.

Primer punto problema:
Intimidad

Puede sentirse cerca de su esposa simplemente al estar en la casa con ella. No tiene que ir a ninguna parte ni hacer nada. Ni siquiera tiene que encontrarse en la misma habitación; se siente bien sólo al saber que ella está allí.

Para usted, hablar es por lo general un medio para lograr un fin. Habla con sus amigos sobre deportes, política y, quizá, sobre temas filosóficos. Para sentirse cerca de sus amigos no requiere hablar sobre sentimientos profundos. Si tiene un problema, trata de solucionarlo por sí mismo. Si no puede hacerlo, habla con alguna persona en quien confía y que puede proporcionarle una solución. Si habla con alguno de sus amigos sobre un problema, ve como una señal de respeto si él dice básicamente: "Puedes solucionarlo".

Es diferente con su esposa. Comparte con ella sentimientos más íntimos y vulnerables, aunque es factible que esto no sea tan cómodo para usted como lo es para ella. En realidad, cuenta con que su esposa inicie esta clase de charla. Por supuesto, su esposa se siente muy feliz porque intentó acercarse a ella. De esta manera, se siente importante, necesitada y amada.

En nuestra cultura, las mujeres por lo general son vistas como forjadoras de relaciones y moradas. Por lo tanto, es probable que su esposa sienta que depende de ella crear y mantener una relación profunda con usted. Para ella, la intimidad casi siempre incluye hablar de sentimientos, así como compartir los detalles insignificantes, en ocasiones mundanos, de la vida cotidiana. Con facilidad puede culparse si no logra lo que considera que es un vínculo aceptable con usted. Por este motivo, podría presionarlo para que responda más de lo que acostumbra. Puede interpretar su necesidad de independencia perfectamente natural como un fracaso de su parte. Si su esposa lo presiona para tener más cercanía que la que resulta confortable para usted, podría apartarse de ella porque siente que interfiere con su sensación de libertad y, el apartarse es seguramente el comportamiento que ella trata de evitar. Es esencial encontrar formas para discutir sus diferencias, para que su esposa no se sienta fracasada y usted no se sienta abrumado.

Puesto que el motivo por el que su esposa habla es tener un medio para vincularse con usted, el contenido de su conversación no es tan importante para ella como lo es la temperatura emocional. Lo ideal para ella es que usted escuche y, quizá, que tenga una experiencia similar. De esta manera se siente comprendida y aceptada y esto ayuda a mantener la charla.

Sin embargo, es factible que usted se sienta más cerca de ella cuando "la cuida" resolviéndole un problema o tranquilizándola. Por lo tanto, su tendencia puede ser ofrecer consejo ("Despídela y contrata a alguien más") o tranquilizarla ("Todo resultará bien. Deja de preocuparte").

No obstante, cuando aconseja a su esposa o la tranquiliza, en lugar de apreciar lo que hace, ella puede sentir que no la

2

acepta o comprende. Podría decir que lo único que desea es que usted la escuche o que comparta algo de sí mismo. Desde su punto de vista, el aconsejar o tranquilizar es algo que evita la conversación; hablar es lo que mantiene activa la cercanía. Es importante aprender a responder a su esposa de la manera que ella prefiere y comunicarle lo que desea de una conversación particular. Por ejemplo, puede decirle que, además de que escuche y apoye sus ideas, también le gustaría que pusiera en tela de juicio su punto de vista, que haga el papel de abogado del diablo, para que usted pueda encontrar la mejor *solución* posible.

El tratar de equilibrar el ser "el hombre fuerte" con ser "el hombre sensible" en las relaciones resulta difícil y desafiante para muchos hombres. En ocasiones, se supone que debe ser fuerte para su esposa y cuidarla y, en otras, se espera que sea vulnerable y "débil". Tal vez no confíe en que lo respete o que tenga confianza en usted, si no conserva para sí mismo sus preocupaciones, sin importar lo que ella diga. Cuando confía sus preocupaciones, es probable que su esposa le ofrezca empatía. Aunque la empatía proporciona una sensación agradable, quizá le resulte difícil aceptarla, puesto que implica que usted es quien está "vencido". No obstante, si se aparta de su esposa con demasiada rapidez, en lugar de intuir su incomodidad, podría llegar a la conclusión de que su respuesta no fue adecuada. Comprender por qué ella responde de la manera como lo hace y ayudarla a comprender sus sentimientos conducirá a una mejor comunicación entre ustedes.

En este capítulo, hablo sobre los problemas de comunicación más comunes, que surgen en las relaciones íntimas de los hombres con sus esposas y también proporciono algunas sugerencias para ayudarlo a lograr lo anterior.

No puedo hacer lo que deseo, ella siempre está detrás de mí

¿Su esposa desea estar a su lado durante cada momento que permanece despierto? ¿Lo sigue cuando entra en el dormitorio a leer o se queja si enciende el televisor? ¿Es usted un papanatas egoísta o ella se aferra a usted como una enredadera? ¡Es probable que la verdad se encuentre en un punto intermedio!

Si espera, por ejemplo, que su esposa se ajuste a su vida, si todavía pasa la mayor parte de su tiempo con los amigos, lleva a casa mucho trabajo por la noche o se instala frente a la computadora después de la cena, no es sorprendente que su esposa desee más espacio. Ella necesita sentirse especial en su vida. Si ha vivido solo o con amigos, quizá no esté acostumbrado a las demandas de una relación. En la actualidad tiene una relación y para mantenerla necesita dedicarle tiempo. Haga citas con su esposa como lo haría con los amigos. No asuma que ella se siente feliz sólo porque están casados. Sáquela, préstele atención, déle un regalo pequeño y dígale que se siente feliz al estar con ella.

Algunos hombres dicen que enloquecen con el apegamiento y dependencia de sus esposas, pero sabotean los esfuerzos de ellas para ampliar su vida social. Por ejemplo, si le preocupa que su esposa no esté disponible en las ocasiones cuando desea que se concentre en usted, puede aumentar su inseguridad al apartarse de ella o al dejarla para estar con sus amigos. Si incita su abandono como una manera de controlarla, entonces, sólo podrá culparse a sí mismo cuando cuando ella sienta pánico y lo asedie. Averigüe lo que desea de ella y pídalo en forma directa. Digamos que le enfada y le hace sentir que usted no le interesa cuando ella asiste a una clase de yoga por la noche, pasa tiempo con sus amigas o interrumpe su cena tranquila para hablar con su madre por teléfono.

4

Sopórtelo y dígalo. No trate de demostrar lo valioso que es usted para ella amenazándola con irse.

Si pasa mucho tiempo con su esposa y ella todavía reacciona aferrándose, ante su deseo de espacio personal, es probable que se fije demasiado en la vida de usted, en lugar de en la propia. Es más factible que las mujeres y no los hombres conviertan su matrimonio en el punto central de sus vidas. Por ejemplo, mientras usted puede haber mantenido su interés en actividades externas, ella puede haber permitido que parte de sus intereses externos se desvanecieran. Si es así, pudiera ser que para ella resulte amenazante saber que usted se divierte mucho cuando está con sus amigos.

Ayude a su esposa a liberarse animándola para que encuentre intereses fuera de su matrimonio. Siempre que ella exprese interés en algo que no sea usted o su relación, muestre entusiasmo y anime su interés. No deje escapar un suspiro de alivio, incluso si eso es lo que siente, porque su nivel de ansiedad aumentará de nuevo ("Oh, tratas de librarte de mí").

La próxima vez que desee espacio, no encienda el televisor ni desaparezca en el dormitorio para ocuparse en leer una revista. Ninguno de sus amigos tendría dificultad para interpretar esta señal, pero a su esposa sí se le dificultará. Las mujeres tienden a responsabilizarse de los sentimientos de aquellas personas a su alrededor, por lo que no interpretará su partida como una señal de que desea pasar tiempo a solas. En cambio, asumirá que está enfadado con ella. Al ser franco y decir lo que desea y por qué, ayudará a su esposa a liberarse sin sentir que la abandona.

Intente algunas de las siguientes sugerencias:

● Déle un beso en la mejilla y diga: "Estoy cansado. Voy a distraerme leyendo mis nuevos catálogos de semillas".
● Llámela desde el trabajo y diga: "Fred desea jugar raquetbol después del trabajo, mañana por la noche.

Pensé consultarlo contigo y asegurarme de que no tenemos ningún plan''.

● Diga: "Me gustaría tener tiempo para mí solo. Esto no tiene nada que ver contigo".

Si su esposa lo sigue, pide una explicación más amplia, se enfada, se siente herida o empieza a obsesionarse preguntándose que está haciendo mal, tranquilícela de inmediato. Si siente pánico y se aferra a usted, apártela, déle un beso y continúe con lo que tenía planeado hacer. Cuando regrese, sea afectuoso con ella y dígale que se siente feliz al verla.

No quede atrapado sintiéndose responsable del comportamiento de su esposa. Si ella no está satisfecha con su vida, usted puede sentir que de alguna manera es culpa suya o que debe solucionar su problema. Recuerde que sus necesidades son tan importantes como las de ella; su esposa tiene que controlar sus propios sentimientos. Si ella insiste en ser una con usted, está en su derecho de mantenerla bajo control.

No importa cuánto escuche, nunca es suficiente

Digamos que llega a casa después del trabajo, está cansado y desea sentarse a tomar una copa o a mirar las noticias. Su esposa llega a casa casi al mismo tiempo y le pregunta sobre su día. Usted responde: "Estuvo bien" y ella empieza a hablar sobre el comentario sexual que escuchó que su jefe hacía a su secretaria, sobre cuánto trabajo dejó sin hacer en la oficina y cómo su amiga Molly bajó de peso cuatro y medio kilos comiendo únicamente brotes tiernos de soya durante una semana. Usted empieza a distraerse, vuelve la cara y sus ojos hacia el televisor. Es probable que le hable sobre el huracán en la India. Ella le habla sobre el lavado del coche y la fila en el supermercado. Entonces, ella comenta: "Oh, tuve una gran discusión con mi hermana esta mañana". Usted pregunta: "¿De nuevo?", y añade: "Esta noche es el último jugo de los *play-offs*". Antes de darse cuenta, su esposa levanta las manos en el aire y dice: "Nunca me escuchas".

En ocasiones resulta difícil comprender que cuando su esposa habla sobre su día, lo hace para estar cerca. El tema no importa. Por lo tanto, si no va a prestarle toda su atención, incluso cuando parece que habla acerca de "nada", ella siente como si usted se alejara.

Intente otra táctica. Antes de que ella continúe, dé golpecitos en el sillón, junto a usted y diga: "Siéntate aquí conmigo. Vamos a mirar juntos las noticias". Coloque el brazo a su alrededor y dígale: "Esto es justamente lo que necesito, relajarme mirando las noticias contigo". De esta manera, demuestra a su esposa que hay otras maneras para que los dos estén cerca.

Quizá el problema con su esposa es la calidad de la manera de escuchar. Si mira la pantalla de la computadora de reojo, interrumpe para dar un consejo o hace bromas o comentarios sarcásticos, es probable que su esposa asuma de manera correcta que no está interesado en lo que ella tiene que decir.

Preste toda su atención a su esposa o dígale que no puede escucharla en ese momento y dedíquele tiempo cuando pueda. En realidad, el prestar atención a su esposa y escuchar durante cinco minutos es mejor que fingir que escucha durante treinta minutos.

Si ella tiende a hablar más de lo que resulta cómodo para usted, fije un límite de tiempo. Diga: "Me gustaría escuchar lo que sientes respecto a tu hermana. Estoy a tu disposición durante quince minutos. ¿Qué te parece eso?"

Podría ser que ella le cuente veinticinco detalles pequeños y cuando usted está a punto de decir "suficiente", su esposa comenta un detalle importante, como el hecho de que su compañía está reduciendo empleos. Ahora tiene que escuchar, incluso si se siente agotado. Su esposa podría no darse cuenta de que no está dando prioridades o quizá lo está manipulando para que escuche por más tiempo. De cualquier manera, dígale que desea que le cuente primero los eventos importantes del día. Al principio, quizá hiera sus sentimientos, pero si su objetivo es intimar con usted, entonces, al comunicarle lo que desea la ayudará a lograrlo. Si trata de manipularlo para que la escuche por más tiempo, el prestarle toda su atención a menudo ayuda a resolver este problema. La mayoría de las personas que hablan mucho no creen en realidad que las están "escuchando".

Podría tratar de preguntarle cómo le fue ese día, antes de que ella toque el tema. De esta manera, su esposa siente que usted tiene interés. Puede fijar un límite al decir: "Tenemos algunos minutos antes del juego. Siéntate aquí y háblame sobre tu día".

Si su esposa le contó algo importante el día anterior, tal vez sobre la discusión con su hermana, continúe la charla al día siguiente. "¿Hablaste hoy con tu hermana?"

Todos desean sentirse escuchados. Resulta demasiado fácil caer en un patrón de no prestar atención a una esposa que habla mucho. Entonces, debido a que ella desea tener su atención, le habla todavía más y usted escucha incluso menos. Esto no es satisfactorio para ambos, pero con frecuencia, ninguno de los dos puede descubrir cómo romper este círculo. Al respetar lo suficiente a su esposa como para hacer preguntas y escuchar con atención su respuesta, ella siente la tranquilidad de que a usted le importa.

Yo deseo sexo, ella desea abrazos y besos

Si frota la nariz contra el cuello de su esposa o se frota contra ella, es probable que busque tener relaciones amorosas. Tal vez se siente cerca de ella en ese momento o, sencillamente, le gusta su apariencia con los pantaloncillos de gimnasia. Por el contrario, si su esposa lo abraza o lo besa, no necesariamente significa que desea tener sexo. En realidad, si usted le responde de una manera sexual, es factible que le responda con enfado o que la hiera. "¿Por qué no puedes demostrar sólo afecto?", podría preguntar ella, o "¿Por qué todo tiene que terminar en sexo?"

No tiene que ser así, pero su comportamiento con seguridad resulta confuso. ¿Puede evitar sentirse excitado cuando ella se sienta sobre sus piernas? ¿Por qué se enfada cuando debería sentirse halagada porque lo excita? Cuando tenían citas, nunca se presentó este problema.

Para usted, el sexo no es tan complicado. Si se siente excitado, desea hacerlo. Si ella se sienta sobre sus piernas y desea afecto, puede proporcionarle todo el afecto que desee mientras tienen sexo o después. No es que no sea sensible ante sus sentimientos; en realidad, su gran vulnerabilidad puede excitarlo. Con seguridad, desea abrazarla, pero también desea hacerle el amor.

No obstante, su esposa tiene necesidades diferentes de afecto y sexo. Las mujeres están acostumbradas al afecto físico. Por ejemplo, en los casos cuando usted estrecha la mano de un amigo o le da una palmada en la espalda, es probable que su esposa abrace o bese a sus amigas. El ser abrazado o estrechado en momentos de vulnerabilidad es una señal de interés real. Si su esposa siente el deseo de acercarse a usted y le responde con sexo, es probable que se sienta utilizada, no comprendida o enfadada porque usted da más importancia a sus necesidades que a las de ella.

Es factible que su esposa no exprese muy bien sus necesidades de intimidad y, por lo tanto, es justificable que se sienta confundido. Resulta difícil a cualquiera, incluyendo a su esposa, pedir consuelo en un momento de vulnerabilidad.

Cuando se siente frágil, no desea arriesgarse a ser rechazado o a recibir una repuesta indiferente. ¡En ocasiones, en lugar de pedir afecto de una manera directa, una mujer tiene sexo para obtener la cercanía física que ansía, pero finalmente lo resentirá! Por supuesto, esto sólo origina más confusión.

Si su esposa no se expresa con claridad, usted podría empezar a sentirse manipulado. Para que ambos se protejan y sus sentimientos no resulten heridos durante estos momentos vulnerables, diga a su esposa que se siente totalmente feliz al proporcionarle todo el afecto que desea, siempre que ella exprese con claridad sus necesidades. Si es afecto lo que busca, dígale que así lo exprese. No es justo para usted si ella piensa que debería saberlo.

Si su esposa le dice que desea afecto, pero desliza la mano por su muslo, hágaselo notar. Sé que piensa "¿Por qué debo hacérselo notar, cuando eso es lo que deseo?" El motivo es que para su esposa es importante aceptar la responsabilidad de estos sentimientos. De otra manera, es probable que más tarde lo culpe de no ser sensible con ella.

Si su esposa expresa con claridad su necesidad de afecto, no finja estar confundido respecto a lo que ella busca. Sabe perfectamente bien lo que ella desea. Si cada vez que su esposa desea que le dé afecto, usted lo utiliza como una oportunidad para tener sexo, ella se sentirá traicionada. Deje a un lado sus necesidades sexuales. Si puede estar allí para ella cuando necesita afecto y que la mime, se sentirá más cerca de usted y más sexual hacia usted, aunque no en ese momento en particular.

Una vez que usted y su esposa puedan distinguir entre afecto y sexo, se sentirán liberados. Puede descubrir que también puede experimentar sentimientos de placer, amor y apoyo cuando su esposa le frota los pies o le acaricia la espalda. Será una sorpresa encantadora para ambos cuando un día pueda decir a su esposa: "Lo creas o no, no deseo sexo en este momento. Sólo deseo que me abraces".

No sé lo que desea

A pesar de que puede desear estar cerca de su esposa, es posible que se sienta bloqueado cada vez que lo intenta. Debido a que sus patrones de comunicación son diferentes, resulta demasiado fácil interpretar mal las intenciones del otro.

Digamos que su esposa le dice que está muy cansada. Usted responde de una manera alegre: "Ayer trabajaste más que hoy". En lugar de sentirse tranquilizada, como era la intención de usted, ella se siente herida y responde: "Nunca me escuchas". Sorprendido, responde: "Por supuesto que te escucho. Te estoy escuchando en este momento". Incluso esto no calma a su esposa, sino que lo hunde más, porque ahora ella responde con enfado: "¿Cómo puedes decir eso? Simplemente, no te importa". Para entonces, está enfadado o se siente juzgado y se da por vencido con frustración. En lo que a usted concierne, actuó lo mejor posible y esto no fue bastante bueno. Levanta las manos y dice: "No sé lo que deseas".

El problema aquí es que da a su esposa lo que a usted le gustaría. Tal vez piense que le da apoyo si atenúa sus problemas al hacer comentarios tales como: "Tú puedes solucionarlo", "No te preocupes por eso" o "No es tan malo como piensas", pero su esposa desea que escuche y le dé empatía.

En lugar de tratar de encontrar motivos racionales de por qué su esposa no debería sentirse de una manera particular ("No, no puedes estar cansada", "Tu madre siempre es un problema. ¿Por qué eso te preocupa ahora?" "Por supuesto, tu jefe te respeta. Acaba de aumentarte el sueldo hace dos meses", escuche lo que ella tiene que decir. Mejor aún, diga: "Ven a sentarte aquí y háblame sobre eso". Sé que resulta más fácil decir lo anterior que hacerlo. Esto es lo opuesto a cómo manejaría esta situación con un amigo o a cómo desearía que un amigo tratara dicha situación con usted. A pesar de todo, con un poco de práctica, descubrirá que es sencillo.

11

Las mujeres no han sido adaptadas al medio social como los hombres para sentirse avergonzadas al tener problemas o para guardar para sí mismas sus problemas y sentimientos. Por lo tanto, si su esposa le habla sobre algún asunto que le preocupa y usted no le hace ninguna pregunta, sentirá que no la ama y que la devalúa. Hacer preguntas a su esposa y pedirle que hable más es lo que necesita. Esto quizá vaya en contra de su temperamento, pero garantizo buenos resultados.

Acostumbrado como está a una discusión más orientada hacia la solución, el hecho de que su esposa hable sobre el mismo problema una y otra vez (por ejemplo, su madre criticona, su corte desastroso de cabello o su jefe insensible) puede empezar a sonar como queja. Si la aconsejó y ella no siguió dicho consejo, tal vez se sienta frustrado o enfadado. Es útil tener en mente que hablar sobre sus *sentimientos* con frecuencia es el objetivo de su esposa, no resolver un problema. Es mejor no aconsejar en estos casos. De esa manera, puede escuchar con mayor facilidad sin albergar resentimiento. Si en cualquier momento dado, no está de humor para escuchar, dígaselo a su esposa o fije un límite de tiempo.

Es posible que no pueda saber lo que desea su esposa porque ella tiene problemas respecto al acercamiento. A pesar de que muchas mujeres dicen que desean más intimidad con sus maridos, eso no significa que sean expertas en esto. Una mujer siente presión para crear una relación íntima. Si su esposa no sabe cómo lograr lo anterior, podría sentirse fracasada. Sabrá que su esposa tiene dificultad si:

● Se queja de que nunca la escucha o le habla, pero cuando lo hace, nunca queda satisfecha;
● lo anima a hablar sobre sus sentimientos y, después, lo critica por no ser bastante decisivo;
● dice que desea hablar o que le preste atención cuando a usted ya se le hizo tarde para ir al trabajo, sale para jugar

tenis o mira el juego de basquetbol más importante del año, entonces se siente rechazada y se aparta cuando usted no aprovecha la oportunidad.

Si éste es el caso, ayúdela. Sea directo con su esposa. Pregúntele de manera específica lo que desea de usted. Indique (en forma amorosa), que su deseo de cercanía siempre se presenta en el momento cuando usted está ocupado o está a punto de salir de casa. Dígale que no piensa que el momento que ella elige sea accidental. Dígale que le gustaría estar más cerca de ella, pero que lo dificulta mucho.

Si le pide que sea más íntimo de lo que resulta confortable para usted, dígalo. Mientras más directo sea con su esposa, menos podrá culparlo por su problema. Con el tiempo, ella también será más clara.

Deseo estar más cerca de mi esposa; sin embargo, no quiero sentirme abrumado

El antiguo mito acerca de que las mujeres le quitan al hombre su independencia al casarse con él está profundamente enraizado en nuestra cultura. Con frecuencia, los hombres temen que al tener una relación íntima perderán su libertad. Cada pareja debe luchar con la cuestión de autonomía contra cercanía. Encontrar el equilibrio entre su deseo de separación y su deseo de compañerismo es una de las tareas más difíciles que enfrentan un esposo y una esposa en una relación.

Aunque usted y su esposa desean una relación íntima, sus zonas de confort pueden ser en verdad diferentes. Cada persona tiene su propio ritmo; los esposos cambian en forma constante de sentimientos de cercanía a sentimientos de separación. Esto crea problemas, por supuesto, si usted o su pareja no comprenden el patrón del otro o no respetan la zona de confort de su compañero.

13

En general, las mujeres disfrutan una mayor intimidad y tener intimidad durante periodos más prolongados que los que resultan confortables para los hombres. Para algunas mujeres, la intimidad es como un nido acogedor, que no tienen mucha prisa de dejar, en especial cuando la relación va bien. A los hombres también les parece encantador el nido, aunque después de un tiempo se sienten inquietos. Desean hacer otras cosas: salir con los amigos, ocuparse en nimiedades. Con frecuencia, es esta diferencia la que conduce a la confusión y al conflicto.

Por ejemplo, digamos que pasa un sábado maravilloso con su esposa, están cerca, se divierten, tienen sexo maravilloso. El domingo por la mañana, está listo para ver a los amigos, jugar golf o ocuparse en fruslerías en la cochera. Para usted, dicho comportamiento es totalmente natural. Se divirtió mucho y su relación se encuentra en un estado fantástico. ¿Qué mejor momento para continuar con el resto de su vida?

Sin embargo, para su esposa este comportamiento resulta por completo misterioso. *Ella* nunca se alejaría cuando todo está bien. Su tendencia sería apartarse si algo resultara mal. En ese caso, podría apartarse de usted, salir con sus amigas o tratar de hablar sobre lo que la inquieta. En lugar de comprender que usted es diferente, su esposa asume que desea alejarse porque algo está mal o porque ella no pudo satisfacer todas sus necesidades. Cuando usted regresa y "pretende" que nada está mal, ella se sentirá turbada. En lugar de darle la bienvenida con los brazos abiertos, su esposa se mostrará apartada, enfurruñada o enfadada. Esto, a su vez, lo confunde o enfada. Usted podría pensar: "¿qué más desea?" ¿Desea controlarme", o "¿Acaso espera que pase con ella cada momento que estoy despierto?" De pronto, ese nido acogedor empieza a sentirse como una prisión. Desde este momento, usted y su esposa tienen objetivos opuestos que interfieren entre sí: ella trata con desesperación de que usted regrese al nido, para solucionar lo que ella haya hecho mal y usted corre en dirección opuesta. Este escenario es común en muchos matrimonios y se resuelve con facilidad por medio de una discusión sobre sus diferencias.

Se beneficiará al explicar a su esposa que mientras más independiente se siente, más amor siente por ella, porque puede darlo con libertad. Tranquilice a su esposa diciéndole que cuando desea hacer otras cosas es porque se siente lleno de amor y cercanía. Se aleja sintiéndose bien y regresa sintiéndose todavía más cerca.

Su esposa también puede sentirse amenazada porque sabe que usted puede pasar todo un fin de semana cazando pájaros, jugando póquer toda la noche del viernes o jugando basquetbol todo el día, mencionándola apenas. La camaradería y compañerismo que usted siente con sus amigos es diferente y es un buen cambio de la intimidad de su relación con su esposa. No obstante, ella toma este comportamiento en forma personal; su esposa percibe su necesidad perfectamente legítima de espacio como una necesidad de escapar de ella. Por supuesto, su esposa también experimenta una necesidad de espacio, sólo que con apariencia diferente. Cuando ella sale con sus amigas, casi siempre hablan sobre sus relaciones con sus esposos, los hijos y compañeros de trabajo. Por lo tanto, aunque su esposa desea también espacio, la relación por lo general continúa siendo su punto principal.

Ayude a su esposa a comprender que su necesidad de distancia rara vez tiene que ver en forma directa con ella. Explíquele que simplemente es diferente de ella, pero que eso no significa que la ama menos. Si hace lo anterior, es probable que no lo castigue ni se enfade con usted cuando regrese listo para tener más intimidad.

Segundo punto problema:
Los niños

Por supuesto, usted ama a sus hijos, pero nunca esperó que se apoderaran de su vida tanto como lo hacen. Éste es el lamento de la mayoría de los padres. Quizá tenga más dificultad que suesposa con los sacrificios financieros, emocionales y de tiempo que requieren sus hijos. Los hombres no fueron educados para cuidar a los niños, como sucede con la mayoría de las mujeres. Por lo general, todavía son las jóvenes quienes cuidan a los niños del vecindario y ayudan a sus madres a cuidar a sus hermanos y hermanas. Por este motivo, es probable que su esposa no se sorprenda tanto por la cantidad de tiempo y trabajo que requieren los niños, aunque es seguro que a usted sí le sorprenda. Esto le resulta no sólo difícil, sino que su esposa puede no mostrarse tan comprensiva como usted desea. En realidad, a usted le parece que ella encuentra los hábitos de comer y de eliminación de su bebé más interesantes de lo que lo encuentra a usted.

Tal vez usted se sintió entusiasmado por tener hijos y no podía esperar para involucrarse. Es probable que estuviera decidido a no ser como su padre, sino a participar en verdad. A pesar de lo anterior, cada vez que carga al bebé o que trata de hablar con su hijo sobre sus malas calificaciones, su esposa lo corrige. De pronto, ella es la experta y parece que usted no hace nada en forma correcta.

Una investigación indica que los hombres y mujeres tienen papeles paternales claramente diferentes, que no hay motivo para que usted se convierta en "otra madre" y que la contribución del padre es única. Su toque es más firme y es probable que no esté tan vinculado a las emociones y problemas cotidianos de sus hijos como lo está su esposa y que les exija más. Espera que actúen lo mejor posible en lo que intenten y los presiona más que su esposa. Digamos que usted y su esposa se encuentran en el torneo de tenis de su hijo. Usted se irrita cuando descubre que su hijo es "demasiado justo" cuando se trata de juzgar sus propias líneas. Usted se asegura de decirle que no es una manera inteligente de jugar el juego. Por otra parte, su esposa quizá se sienta orgullosa de su hijo, porque se preocupa demasiado por ser honesto.

Es verdad que mientras muchas mujeres tienden a enfocarse en el estado emocional de sus hijos, los hombres a menudo se enfocan en la imagen práctica: ¿cómo les irá a mis hijos en el mundo? Le preocupa que los mimos de su esposa los deje sin preparación para enfrentar todos los problemas que la vida les presentará. Usted sabe que es difícil allá afuera y desea que sus hijos estén preparados. Lo que en ocasiones su esposa juzga como una crítica o como una exigencia a los niños es en realidad la manera que usted tiene de demostrarles su amor y que desea lo mejor para ellos.

Ser padre es difícil, porque los papeles de los padres están cambiando. El desear involucrarse con sus hijos es aceptable socialmente en la actualidad; sin embargo, todavía tiene la presión de ser un buen proveedor para ellos. Aunque tal vez su jefe apoye con poca sinceridad su interés en sus hijos, no tendrá muy buena opinión de usted si abandona una reunión de negocios para asistir a un juego de la Pequeña Liga o a la obra de la escuela de su hija. En la mayoría de las compañías, la realidad es que no lo tomarán en cuenta para las promociones si elige pasar tiempo con sus hijos, en lugar de permanecer hasta tarde en la oficina, con sus compañeros de trabajo.

Para olvidarse de los aspectos financieros y emocionales de la vida cotidiana, necesita el apoyo y estímulo de su esposa. No obstante, a pesar de que es probable que su esposa le haya dicho repetidas veces que desea que usted se involucre, quizá de manera sutil (o no tan sutil) desanime sus sentimientos de competencia. Esto se debe a que ella también tiene conflictos. *Desea* que usted se involucre, pero le asusta pensar que puede perder o compartir el control de los niños. Mientras menos segura esté su esposa en otras áreas de su vida, más satisfacerá a su ego al ser madre. Su inseguridad le dificultará compartir con usted la educación de los hijos.

A pesar de que está decidido a ser un buen padre, todavía piensa que merece una vida propia. Desea tener tiempo para el sexo, los amigos y las vacaciones sin los niños. Desea salir una noche con los amigos. Quiere que su esposa preste más atención a usted y a sus necesidades. A pesar de lo anterior, no sabe cómo decirle todo esto, por lo que lo expresa mal o, al menos, ella lo escucha mal. Su esposa dice que usted es egoísta o que la rechaza y también a los niños. En este momento, usted empieza a tener fantasías respecto a salir a comprar un periódico y no regresar. Entonces, su esposa lo lleva a una cena romántica y le dice que es un gran marido, amante y padre. Su hijo llega, se sienta en sus piernas y le dice que lo ama. Es de nuevo un participante deseoso.

En la actualidad, los hombres tienen más oportunidades para pasar tiempo con sus hijos y participar en la vida cotidiana. Puede demostrar afecto y educar a sus hijos de maneras que en el pasado no eran aceptables para los hombres. Sin embargo, éste es un nuevo mundo para la mayoría de los hombres y mujeres. Necesita práctica antes de sentirse a gusto con su nuevo papel paternal. En este capítulo menciono algunos de los obstáculos que se les presentan a los hombres, junto con algunas formas para hablar sobre estos con su esposa.

Nunca tiene tiempo para mí

Antes que usted y su esposa tuvieran hijos, pasaron buenos momentos juntos y, quizá, tuvieron sexo maravilloso. Podían salir de inmediato e ir al cine o sólo mirar la televisión. En aquel tiempo, usted era el número uno para su esposa, pero cuando tuvieron hijos, su lealtad cambió. Ahora, parece que su amor, interés y preocupación son para los niños y usted queda excluido. Usted desea ir al cine; ella lleva a los niños a una matiné. Usted desea hacer el amor; su esposa está demasiado cansada. Por fin salen a cenar y ella pasa todo el tiempo hablando sobre su hijo, Arturo. De pronto, usted piensa: "Ya no tengo esposa; tengo una madre".

Quizá asuma que su esposa desea o elige estar con los niños, en lugar de con usted, cuando ella podría sentir que no tiene otra opción. Por ejemplo, si usted no participa o ayuda, ella puede sentirse agobiada al tener que cuidar a los niños. Es posible que sienta resentimiento hacia usted porque no toma parte o porque está resentido con ella y esto hace que pase todavía más tiempo con los niños.

Si espera que su esposa esté allí para usted, de la misma manera que antes que tuvieran hijos, sus expectativas en relación con su esposa son demasiado altas. Exigir que pase tiempo con usted, sin ayudarla a que tenga tiempo es contraproducente.

Si se aparta o se queja porque su esposa pasa demasiado tiempo con los niños, sin lugar a duda, ella se sentirá criticada. No comprenderá que sus quejas surgen por desear estar con ella más tiempo. Asumirá lo opuesto: que no desea estar con ella. En lugar de salir para estar con sus amigos, porque siente que ella lo abandonó, exprese lo que siente. Dígale que tiene la impresión de que lo excluye y que la extraña. Si a ella le da gusto, pero dice que nunca puede encontrar el tiempo, intente alguna de las siguientes sugerencias:

● En lugar de comer con rapidez junto con los niños, haga una cita con ella para cenar tranquilos, después que los niños se hayan ido a la cama. Lleve a casa comida preparada, para que ninguno de los dos tenga que trabajar extra.
● Sugiera que contraten a una nana una noche a la semana. Si no pueden costear una nana, pida a un miembro de la familia o a un vecino que les cuiden a los niños y hagan lo mismo por ellos.
● Reúnanse para un almuerzo prolongado, cuando los niños estén en la escuela.
● Salgan un fin de semana.

Si su esposa pone resistencia a todas estas sugerencias, es factible que utilice a los niños como excusa para evadirlo. Es probable que se sienta incómoda con los papeles de madre y esposa. Con frecuencia, muchas mujeres abandonan su papel de esposas cuando tienen hijos, con frecuencia, debido a que se sienten menos atractivas. Puede ayudarla o herir su autoimagen con lo que diga.

● No diga que desde que empezó a atender a los niños perdió 40 puntos de cociente intelectual.
● No comente lo hermosa que es su secretaria.
● No la busque únicamente para tener sexo; búsquela también para charlar y demostrarle afecto.

- Llámela por su nombre, nunca le diga mamá o mami.
- Asegúrele que la encuentra atractiva.
- Insista en compartir juntos cosas no relacionadas con los niños. Cuando salgan, no hablen sobre los niños.

Es posible que ella lo evite porque existen otros problemas en su relación, que ninguno de los dos aborda. Por ejemplo, si está enfadada con usted porque piensa que nunca la escucha, podría castigarlo en forma indirecta al pasar más tiempo con los niños.

Si sospecha o sabe que suceden otras cosas bajo la superficie, coméntelas. Insista en que hable sobre lo que la inquieta. Asegúrese de que sepa que está interesado en lo que siente. Por supuesto, esto implica que esté preparado para enfrentar el problema. El permitir que ella sepa lo anterior podría ayudarla a terminar con el silencio y ser franca con usted.

Es demasiado complaciente con los niños

¿Le preocupa que su esposa esté educando niños que no serán lo suficientemente fuertes para esforzarse y triunfar en el mundo? Ésta es una preocupación que muchos padres comparten, en especial aquellos que piensan que sus esposas "consienten" a sus hijos. En lugar de comprender su punto de vista, es muy probable que, si piensa que su esposa es demasiado complaciente con los niños, es posible que ella piense que usted es demasiado rígido con ellos. Le animará saber que, a pesar de todo lo que dicen acerca de que los dos padres tienen que estar de acuerdo en todos los detalles en lo referente a la educación de los hijos, sus niños pueden beneficiarse con los dos estilos de educación. No obstante, si es como la mayoría de los padres, usted y su esposa piensan que cada uno de ustedes tiene razón y están más decididos a cambiar el comportamiento del otro, que a aceptarlo. Sugiera a su esposa que ambos traten de retroceder y permitir al otro el espacio para educar en forma diferente. Ambos podrían sorprenderse al notar que sus hijos, en lugar de estar confundidos, en realidad mejoran.

Por lo general, no resulta tan fácil hacer lo anterior. El apartarse resultará difícil para su esposa, ya que juzgará que mucho de lo que usted hace es demasiado rígido, crítico o insensible. También será difícil para usted apartarse, si piensa que la falta de rigidez de ella daña a los niños o los debilita demasiado para funcionar bien en el mundo.

Sin embargo, si lo intenta, podría resultar algo como esto: cuando su hijo lleve a casa una boleta de calificaciones pésima, su esposa podría enfocarse en qué fue lo que estuvo mal y usted se enfocará en asegurarse se que no ocurra de nuevo. Las dos reacciones son válidas y su hijo obtendrá algo de ambos.

Si usted y su esposa no pueden llegar a dicho acuerdo, es probable que su comportamiento o el de ella sea más extremo. Analicemos su comportamiento. ¿Su esposa es complaciente con los niños, porque usted es demasiado rígido? ¿Reacciona ante sus hijos utilizando un patrón que aprendió de su familia? Es factible que sea más negativo o censor de lo que se da cuenta. Si aprendió este hábito de alguno de sus padres o de ambos, podría no estar consciente de que lo practica. Si éste es el caso, su esposa le da la oportunidad de trabajar con esta paternidad automática. En lugar de reñir con ella o de decirle que el problema es de ella, pídale que lo ayude. Siempre que su esposa escuche ese tono censor o sarcástico, puede indicárselo guiñando el ojo o mencionándolo después.

Tal vez le preocupa que los niños quieran más a su esposa que a usted. ¿Siente que no lo toman en cuenta o que no es importante, cuando los niños la buscan a ella para que los aconseje, los consuele o para charlar? Esto puede tener que ver

tanto con la imagen que sus hijos tienen de usted, como con la
afabilidad de su esposa.

Esté más disponible para los niños. No espere hasta que
ellos lo busquen: hable con ellos, hágales preguntas. Si demuestra interés en sus vidas y ofrece apoyo y estímulo, no
sólo consejo severo y crítica, llamarán a su puerta para estar
con usted. Puede descubrir que su esposa se sienta amenazada
por este cambio. Inclúyala comentándole su plan. Diga: "Me
gustaría estar más cerca de los niños" o "Voy a hacer el
propósito de hablar con los niños un rato todas las noches".

Por otra parte, si su esposa se siente insegura en relación
con su papel como madre y si está más interesada en ser la
amiga de sus hijos, es probable que no discipline en forma
consistente a los niños. Si teme que sus hijos no la quieran si
dice que no o que otras personas la juzguen demasiado estricta, cederá constantemente ante ellos. En lugar de criticarla
o tener las mismas discusiones de siempre sobre la disciplina,
trate de apoyar su lado más firme, más adulto y seguro, de las
siguientes maneras:

● Establezca algunas reglas que ambos puedan seguir. Por
  ejemplo, acuerden que siempre que los niños pidan hacer
  algo no habitual (no sólo conducir su bicicleta al supermercado), cada uno de ustedes responderá: "Lo discutiré con
  tu mamá/papá y te lo diré".
● Respalde siempre cualquier acción disciplinaria que inicie
  su esposa. De esta manera, la apoyará al fijar límites a los
  niños.
● Cuando sus hijos pidan algo, consulte a su esposa y pregunte: "¿Qué opinas?" De este modo, forja en sus hijos el
  respeto hacia la opinión de su esposa, la incluye en una
  decisión conjunta y la hace sentirse como su compañera, en
  lugar de una de los niños.

Me hace quedar como el hombre malo

Si su esposa dice cosas tales como: "Espera hasta que tu papá llegue a casa" o "Tu padre se enfadará por eso", entonces, ella vive en el pasado. Esto es un retroceso a una época cuando se suponía que las mujeres dejaban la disciplina de los hijos en manos de los hombres. En definitiva, no resulta divertido llegar a casa después de un largo día en el trabajo, sólo para escuchar que su esposa recita una letanía de quejas, las cuales se supone que usted debe castigar. Ésta no es una alternativa saludable tampoco para su esposa, ya que devalúa su posición ante sus hijos.

El primer punto a considerar es si usted la alienta para que actúe de esta manera. ¿Insiste en ser quien implante disciplina cuando la familia está reunida? ¿Está convencido de que usted es mejor juez? Si desea que lo consideren un padre sabio, omnisciente y fuerte, en ese caso, también debe asumir la responsabilidad cuando se trata de la disciplina. Si insiste en ser "el hombre de la casa" y en mantener un control enérgico, entonces, sólo puede culparse a sí mismo cuando su esposa lo hace quedar como el hombre malo.

Si su esposa no tiene autoridad igual, puede ceder ante usted y sentir resentimiento todo el tiempo. También puede aliarse con los niños en contra suya, como una manera de obtener poder. Por ejemplo, puede decir cosas tales como: "Bueno, si dependiera de mí, podrías ir, pero, por supuesto, sabemos que tu padre dirá que no". Incluso puede ir un paso más adelante y decir algo como: "Intenté convencer a tu papá para que te dejara ir, pero dijo 'Absolutamente no' y sabemos que él es el jefe".

Si ya no desea ser percibido como el hombre malo, comparta la autoridad con su esposa. Tal vez esto no resulte tan sencillo como parece, ya que su esposa juega un papel importante en este patrón, tanto como usted. Su esposa no está aceptando la responsabilidad de educar a los hijos. Con este programa, ella puede criticarlo cuando las cosas no resultan bien. Por ejemplo, cuando su hijo mayor empieza a desafiar, a llevar a casa calificaciones de C en lugar de B y a golpear con el puño a su hermano menor, ella puede decir: "Bueno, no es una sorpresa. Fuiste demasiado estricto con él" o "Está muy enfadado contigo".

Discuta la situación con su esposa. Comuníquele que desea que se encargue de la disciplina de los eventos que ocurran cuando ella esté con los niños y que usted hará eso mismo cuando esté presente. En seguida, lleguen a un acuerdo acerca de las acciones que usted llevará a cabo cuando se presente cierto comportamiento. Informen también a los niños. De este modo, su esposa estará de su parte de una manera natural, en lugar de aliarse con los niños.

Tal vez, al hacerlo quedar como el hombre malo, su esposa lo está criticando personalmente. En otras palabras, usted no puede hacer nada bien. En ese caso, éste es un problema de relación, no un problema de niños. Si su esposa se enfada con usted por otras cosas (por no pasar tiempo con ella; por no escucharla o por no darle afecto), podría parecerle más seguro formar una alianza con los niños para herirlo, que expresar lo que siente en realidad. Si piensa que esto es lo que sucede, confróntela en forma directa. Diga: "Si estás enfadada conmigo, dilo".

Ayuda el hecho de prestar más atención a su esposa. Realicen cosas juntos. Haga que se sienta vinculada a usted, en lugar de estar confabulada con los niños. Aliéntela para que hable con usted sobre la clase de disciplina que tuvo que imponer; discutan lo relacionado con los niños como si fueran un equipo y pronto lo serán.

Siempre se queja
de los niños

¿Acaso no parece que su esposa sólo habla de los niños? ¿Y que nunca tiene nada bueno que decir? Es factible que lo llame por teléfono desde el trabajo para quejarse sobre los acontecimientos de la mañana: Amanda no se vistió con la rapidez necesaria; Bradley no desayunó y Maryanne se negó a abrir la puerta del baño, para que Amanda pudiera hacer pipí. Se queja de haber tenido que entregar en la biblioteca los libros de los niños camino al trabajo y de haber tenido que apresurarse para llegar a casa y cocinar la cena.

¿Qué clase de respuesta recibe de usted su esposa? ¿Hace usted algo de lo siguiente?

- No le presta atención y sólo dice: "mmmmm";
- le dice que tiene que hacer cosas más importantes;
- la interrumpe para darle un consejo.

Si responde en cualesquiera de estas formas, está contribuyendo al problema. Lo que tiene ahora es una reacción en cadena. Su esposa nota que no está escuchando. No sabe cómo lograr que escuche, si no es aumentando sus quejas. Si usted escucha y respalda sus sentimientos (no tiene que hacer ni decir mucho), existe una buena probabilidad de que ella se queje menos.

Lo crea o no, su esposa puede quejarse de los niños como una manera para estar cerca de usted. Sus quejas pueden ser una forma de comunicación. Para usted, esto podría parecer un medio bastante extraño para sostener una conversación; sin embargo, para su esposa es una manera de compartir con usted sentimientos. No sabe que al quejarse tanto lo aleja cada vez más. Proporciónele un poco de ayuda.

- Escúchela en verdad durante cinco minutos. Recuerde, ella trata de acercarse a usted al compartir su día. Después de un tiempo, quizá usted también se queje un poco.
- Pegúntele lo que desearía de usted. ¿Un abrazo? ¿Consejo? ¿Qué sólo la escuche?
- Pregúntele cómo estuvo su día, antes de que ella tenga oportunidad de quejarse. Por ejemplo, llámela por teléfono y pregunte: "¿Amanda se apresuró un poco más esta mañana?"

Si nada de lo anterior aligera la carga de su esposa, si no responde quejándose menos, tal vez se sienta abrumada. A la mayoría de nosotros no nos gusta admitir que nos sentimos abrumados y es posible que su esposa no sea la excepción.

Puede ofrecerle ayuda en varias formas, si su esposa pasa por un momento difícil. Ofrezca hacerse cargo algunas mañanas o llevar a los niños al parque el fin de semana, para que tenga tiempo para ella. También podría sugerir que alguien ayudara en la casa, quizá una nana un día o noche a la semana. Además, puede aligerar su carga de otras maneras, como llevando a casa más comida preparada, enviando la ropa a la lavandería o haciendo que los niños ayuden con algunas tareas.

Si ha intentado todo y ella todavía se queja, afronte su negatividad directamente. Diga: "He intentado todo lo que está a mi alcance para ayudar; no obstante, todavía te quejas. ¿Qué sugieres que haga?" Ella podría estar imitando algún comportamiento que aprendió de su madre. Incluso si el comportamiento le parece alarmantemente familiar, no diga: "Eres como tu madre". (¡Si todavía no lo ha descubierto, en definitiva, esto es algo que no desea decir a su esposa!) En cambio, comente el asunto sin mencionar a su madre: "Por lo general no eres una persona negativa, pero pareces serlo cuando estás cerca de los niños". Si su esposa no capta lo que quiere decirle, entonces, la próxima vez que usted esté cerca de su madre, comente sobre la negatividad de su madre. "Tu madre es en verdad negativa, en especial con sus hijos y nietos".

No puedo hablar de futbol con un bebé

Los hombres necesitan tiempo para dominar sus papeles paternales. Si esperaba ser un padre perfecto de inmediato, podría sentirse molesto por su falta de vinculación con un bebé. Cuando pensaba en la paternidad, quizá imaginaba lanzar pelotas de béisbol a sus hijos en el patio trasero, pasear en bicicleta con ellos, mirar el futbol con los niños o vigilar a los jóvenes que cortejaran a su hija adolescente. No estaba preparado para abrazar y alimentar a un recién nacido.

De acuerdo con la investigación actual, los hombres y las mujeres poseen diferentes "herramientas para la educación de sus hijos". Por ejemplo, las madres proporcionan más formación en las primeras etapas del bebé y los padres se enfocan más en el futuro y éxito de sus hijos. Por lo tanto, es natural y cómodo para su esposa utilizar de inmediato sus herramientas para la formación de sus hijos y, a la inversa, resulta difícil para usted usar las suyas (dar consejo o guía). No sabe con exactitud lo que debería hacer con un bebé de tres días, tres semanas, tres meses o tres años de edad. ¿Cómo hablar con un recién nacido sobre la universidad, los negocios, el Súper Tazón? No puede hacerlo, mas no se desanime. Sus habilidades especiales serán cada vez más útiles a medida que su hijo madure.

Muchos hombres se sienten incómodos al cargar a los bebés. Son tan pequeños y frágiles y usted se siente tan grande y torpe cuando el bebé desaparece entre sus brazos. Debido a esto, quizá tema vestir a su bebé o cambiarle los pañales, por miedo a lastimarlo. Su esposa puede agravar este problema al insistir en que sólo hay una forma de cambiar un pañal o al rondar con ansiedad cerca de usted cada vez que carga a su hijo.

Posiblemente podría aprender algunas cosas de su esposa, pero este papel le resulta incómodo. Si está acostumbrado a estar al mando en la oficina, el ser un "pupilo" en casa puede resultar desagradable. No obstante, si se entromete y toma el mando sin saber lo que hace, va a enfadar a su esposa y es probable que ella responda criticándolo.

Si habla con su esposa acerca de sus temores e inseguridades, puedo apostar que se sentirá encantada de darle una mano y tranquilizarlo. Si busca su ayuda, esto reforzará su confianza en usted. Sabrá que no actuará y hará algo con el bebé sin consultarla primero. Tiene que recordar que parte de las herramientas de ella para educar a sus hijos incluyen el proteger a su bebé (en ocasiones demasiado, en lo que a usted respecta).

Una vez que aprenda a tratar con comodidad al bebé, es importante que su esposa no intervenga. Si ella continúa rondando y ofreciendo consejo, en cierto momento esto se convierte en problema de ella. Usted y su esposa tendrán siempre estilos diferentes para criar a sus hijos. Mientras más pronto acepten ambos esto, más tranquilos serán los años de educación de sus hijos. Sin embargo, debe ser sensible ante las preocupaciones de su esposa; es probable que ella no intente molestarlo, sino que, sencillamente, trate de ser una buena madre.

Por ejemplo, si su esposa le dice que su bebé, quien se siente muy feliz cuando lo mece sobre su hombro, prefiere que lo mezan sobre su estómago, usted podría comentar: "Le gusta mi hombro en este momento, pero lo bajaré si se molesta", en lugar de decir: "Carga tú al bebé. Iré a la casa de Larry".

Si ella insiste en ser la experta, dígale que usted tratará a su hijo o hija a su manera. Tranquilícela al decirle que si necesita consejo o ayuda, lo pedirá. Si ella insiste en que sólo hay una manera para ayudar al bebé a eructar, para cambiarlo, para pasearlo o abrazarlo, dígale que acaba de descubrir otra manera y que tal vez ella podría aprender de su técnica.

No esperaba tener que cambiar pañales

Muchos hombres suponen que lo correcto es que sus esposas atiendan a los niños, en especial a los bebés. Incluso si sus intenciones eran compartir la carga del trabajo, ahora todo parece diferente. Después de todo, es una madre. Usted piensa que ella debería actuar como tal. Desea ayudar, por supuesto, pero no hay duda de que la contribución principal debe ser la de su esposa.

Bienvenido a la década de los años noventa. Si su esposa está en casa y el acuerdo es que ella se encargue del trabajo de la casa, entonces, usted se encuentra *parcialmente* liberado (las mujeres que permanecen en casa también necesitan descanso). En otras circunstancias, es tiempo de que enfrente los hechos. Si su esposa trabaja fuera de la casa, al igual que usted, la justicia dicta que debe compartir el trabajo en casa. Si su esposa pide o insiste ahora en que comparta los deberes de la educación de los hijos, incluyendo (¡SÍ!) cambiar pañales, es tiempo de seguir el programa. La mayoría de los hombres todavía hacen menos, por lo que asumo que no cederá con facilidad.

Para evitar ayudar con los niños en casa, usted puede decir algo como esto:

- Tú calientas el biberón mejor que yo.
- No sé cómo abrochar los zapatos de Buddy.
- Puedes cargar la lavadora con mayor rapidez que yo.

Si su esposa cree estas excusas triviales, no se sorprenda si ella empieza a hacer comentarios sobre su competencia en general. Puede creer en realidad su argumento o, quizá, le resulte más fácil hacer ella misma las cosas. El precio que usted paga es que su esposa lo considerará una persona incompetente. Por ejemplo, si no puede cambiar un pañal o ayudar a su hijo de diez años con su tarea, ¿por qué ella debe escucharlo cuando sugiere un enfoque diferente a un problema de educación?

No obstante, si su esposa se siente lo suficientemente segura, no le permitirá evadirse con excusas como las anotadas con anterioridad ni con algunas mejores. Continuará hablándole sobre compartir la carga del trabajo y cada vez se enfadará más o se desilusionará.

Podría sentirse mejor si toma el control de la situación. En lugar de esperar a que su esposa lo obligue a participar, ¿por qué no ofrecerse como voluntario? Elija las tareas que le desagraden menos y sugiera hacerse cargo de éstas. Si no puede soportar cambiar los pañales, sugiera bañar al bebé por las noches, preparar la cena o encargarse de lavar la ropa.

Muchos maridos sienten que la contribución que hacen al ser el sostén principal de la familia no recibe el crédito merecido. Si trabaja más horas que su esposa, entonces, esto es verdad para usted. Necesita recordar lo que usted y su esposa discutieron antes de tener hijos. ¿Ambos acordaron que usted trabajaría más? Si así fue, su esposa debe en verdad hacer ajustes en su carga adicional de trabajo y no esperar que al llegar a casa pase con los niños tantas horas como ella.

Debido a que los papeles de los padres se encuentran en un período de transición, es vulnerable para que le digan lo que esperan de usted. Debido a que no puede utilizar el papel de su propio padre como guía, es probable que lo convenzan de que crea que sólo es aceptable la devoción absoluta a la familia. Las mujeres, más que los hombres, se sienten tentadas a abandonar cualquier otra vida que no sea la relacionada con la maternidad, en especial al principio. Si después de tener a su hijo, su esposa insiste en que "la familia que se mantiene unida permanece unida", ella es el problema. Si su esposa lo critica y trata de hacerlo sentirse culpable porque desea pasar tiempo fuera de casa, sea firme e insista en que tiene derecho de tener intereses externos. Sugiera también que ella los tenga.

Hable concretamente sobre lo que se espera de usted. Si le pide que haga más de lo que usted cree poder hacer, trate de no quejarse, apartarse o enfadarse. Recuérdele que está cansado, que tuvo un día más largo que ella y que merece sentarse. Si ella habla acerca de cuánto trabajo hizo, muéstrele comprensión. Si tiene energía adicional, ofrézcase como voluntario para hacer algo más que lo habitual. Recuerde que está en un equipo. Trabajar juntos es el objetivo y eso significa compartir la alegría y el trabajo de criar a los niños.

Tercer punto problema:
El dinero

Muchos hombres todavía creen que su papel más importante en el matrimonio es el de proveedor. En la actualidad se acepta, se asume e incluso se espera que las esposas también trabajen. No obstante, la carga final de la seguridad financiera todavía recae con firmeza sobre los hombros de los hombres. Esto es, así sucede ante los ojos de la mayor parte de la sociedad, incluyendo quizá a la mayoría de sus amigos. Ser un buen proveedor no sólo es su "trabajo", sino que esto está vinculado con su ego y lo pone en competencia con otros hombres. Los varones miden el nivel social basándose en quién tiene más éxito. Ganar más dinero que su hermano, amigos, colegas o compañeros en el tenis significa que tiene más éxito que ellos.

Para su esposa, es más probable que el dinero represente seguridad y no nivel social. Desea saber que los niños podrán asistir a una buena universidad, que tendrá suficiente para un retiro confortable y que podrán tener vacaciones decentes. Su nivel social se deriva de las relaciones; es más probable que ella se juzgue un éxito o un fracaso dependiendo de qué tan íntima es su relación con usted. Por ejemplo, si le compra un Porsche nuevo, para ella (y quizá para sus amigas), es una señal de que la ama. Para usted, esto confirma su papel como proveedor principal.

Aunque usted puede ver su papel principal en la familia como el de un proveedor, su esposa puede sentir que su papel como educador es igualmente importante o incluso más. Podría presionarlo para que dedique más tiempo a su familia, ya que valora el compromiso emocional que proporciona a la relación. Si le dice que desea que permanezca más tiempo en casa o que no pasa suficiente tiempo con la familia, usted podría interpretar que eso significa que no aprecia su contribución financiera a la familia. El poder hablar sobre lo que cada uno de ustedes considera una prioridad es importante, para así evitar malentendidos.

No sólo es probable que usted y su esposa den significados simbólicos diferentes al dinero, también podrían tener prioridades diferentes cuando se trata de cómo ahorrar o gastar el dinero. Puesto que dos personas no ven el dinero de la misma manera, es factible que usted y su esposa no estén de acuerdo sobre qué hacer con el dinero que tienen. Por ejemplo: ¿Cuánto deben ahorrar? ¿Cuál es su idea de una buena inversión? ¿Oro? ¿Acciones? ¿Bienes raíces? ¿Depositar el dinero en Suiza? ¿En qué desea gastar su dinero? ¿Quiere comprar un coche nuevo? ¿Su esposa desea comprar muebles nuevos para la sala?

Para su esposa, decidir juntos cómo gastar su dinero es parte de cómo funciona una buena relación. Son un equipo. Sin embargo, es posible que usted no esté muy acostumbrado a trabajar en un consenso, por lo que podría resultarle desconcertante informar a su esposa en qué gasta el dinero. Usted podría sentir que esto es una violación a su independencia y libertad.

Si gana más dinero que su esposa, podría pensar que tiene más derecho a decidir lo que suceda con dicho dinero. Tal vez piensa que ella debería consultarlo antes de hacer una compra, a pesar de que usted no soñaría en informarla antes de comprar un nuevo juego de palos de golf. No obstante, su esposa puede insistir en que su relación es una sociedad equitativa, sin importar quien gana más dinero. Puede presionarlo para que la consulte sobre decisiones que previamente tomaba solo.

También podría encontrarse con el problema opuesto en las manos: una mujer que asume que es responsabilidad de usted mantenerla. Si con anterioridad acordaron que usted lo haría, pero ahora se siente presionado por este arreglo, tiene que encontrar nuevas maneras para hablar con su esposa, para animarla a que acepte una responsabilidad igual en el matrimonio.

Aunque, por lo general, los hombres ganan más dinero que sus esposas, puede llegar el momento en que su esposa gane más que usted. Sin duda, ésta será una transición difícil para ambos. Su ego puede resultar herido, puede cuestionar su papel en la familia como proveedor y su esposa podría mostrarse muy precavida porque le preocupan sus sentimientos o los propios. Cualquier renuencia para hablar sobre sus sentimientos tiene que ser dejada a un lado, porque si no discuten este asunto, saldrá a la superficie en otras áreas de su relación. Por ejemplo, pueden discutir acerca de cómo disciplinar a los niños, quién dejó de nuevo los platos sucios en el fregadero o por qué no le agradan las amigas de su esposa.

Debido a que se supone que los hombres son fuertes y que su autoimagen depende en alto grado del éxito que logran, a menudo es casi imposible para ellos compartir las preocupaciones de dinero o trabajo con sus esposas. Si piensa que los hombres deben solucionar por sí mismos sus problemas, podría encontrarse solo. Debe controlar sus sentimientos de insuficiencia para poder hablar con su esposa y obtener el apoyo que necesita.

Hablar sobre asuntos de dinero es importante para la salud de su relación. En este capítulo doy ejemplos de algunas preocupaciones que podría tener y proporciono algunas sugerencias sobre cómo iniciar un diálogo con su esposa sobre esto.

Ella piensa que el dinero crece en los árboles

Cuando salían al principio de su relación o recién casados, su esposa quedaba extática cuando le daba regalos costosos o la llevaba a restaurantes elegantes. Tal vez a usted le encantaba la forma como ella se presentaba para cada cita, con un nuevo vestido sensual; pensaba que era graciosa la calcomanía que llevaba en la defensa de su coche y que decía ''Compra hasta morir''.

En la actualidad, ella ya no compra ropa nueva cada semana, pero usted tiene más manteles individuales, baratijas y corbatas de las que podría usar. Sus hijos parecen un anuncio de Neiman Marcus y su esposa le dice constantemente que actualice su guardarropa.

Si esperaba que una vez que se establecieran, su esposa leería su mente y al instante adoptaría sus objetivos de ahorrar dinero para el futuro, no está siendo razonable. Si las reglas cambiaron desde que la cortejó, tiene que decírselo. De otra manera, es probable que su esposa piense que ella ya no le importa a usted y en lugar de adoptar sus objetivos, interpretará sus quejas como una prueba de que usted ya no está aportando.

Debido a que ganar dinero está vinculado con su ego, podría resultar difícil decir no a su esposa. Esto puede desencadenar sus sentimientos de falta de adecuación: ''Si en verdad fuera un gran hombre, ella podría gastar todo el dinero que quisiera''. Algunos hombres se enfadan y divierten en forma alternativa debido a los hábitos de gastar que tienen sus esposas. En una ocasión podría estar furioso cuando ella cruza la puerta cargada con compras y decirle que es egoísta o que no puede controlarse o que necesita asistir a un grupo de apoyo para compradores compulsivos. No obstante, en la siguiente ocasión podría tratarla como a una jovencita hermosa cuando le muestra un vestido nuevo u otro juego de platos con diseño floral para postre. En cualquier caso, es factible que ella no lo tome en serio si le pide cambiar, a no ser que le dé un motivo preciso para cambiar su comportamiento.

Por ejemplo: ¿Tiene objetivos para ahorrar su dinero? ¿Tiene esperanzas de tener una casa, vacaciones, retiro? Comparta estos objetivos con su esposa y solicite su ayuda para alcanzarlos. Haga que esto resulte más factible al fijar objetivos a largo y a corto plazo. Dígale: "Tan pronto como ahorremos cinco mil dólares para nuestro retiro, ahorraremos dos mil para ir a Hawai".

Si usted y su esposa discuten todo el tiempo por el dinero, es probable que sus argumentos oculten el punto principal de quién controla a quién. Acostumbrada a actuar por su cuenta antes de casarse, a su esposa podría dificultársele "responder ante alguien" en lo relacionado con sus gastos. Podría resentir que le dijera cuánto dinero puede gastar o no gastar. En lugar de escucharlo como a su compañero, lo único que escucha es que trata de controlarla. Sabrá que éste es el caso si ella:

● Grita: "¡No puedes decirme qué hacer!"
● Se apresura a ir al centro comercial más cercano y compra seis pares de zapatos sólo para demostrárselo;
● se niega a decirle cuánto dinero gasta.

Usted, por otra parte, sabrá que reacciona paternalmente si responde con comentarios tales como:

- ¿Cuándo vas a madurar?
- ¡Yo gano más dinero y lo gastarás como yo diga!
- Eres una chiquilla malcriada.

Mientras usted y su esposa vean el dinero como un asunto de quién controla a quién, nunca resolverán la cuestión práctica de cuánto tienen y cómo desean gastarlo de una manera razonable. En lugar de intercambiar insultos, acérquese a su esposa como un adulto y sugiera que ambos dejen de insultarse. Discutan sus diferencias teniendo en mente el objetivo de llegar a un compromiso.

- Haga la prueba anotando cuánto dinero ganan ambos y cómo lo gastan.
- Hagan un presupuesto con el que ambos puedan vivir. Esto quizá signifique asignar un ingreso más generoso de lo que a usted le gustaría y menor de lo que su esposa preferiría.

Existe la probabilidad de que si no se sienten como socios cuando se trata de cómo gastar y ahorrar su dinero, no se sentirán como un equipo en otras áreas de su relación. Apéguese a este proyecto hasta que pueda lograr un compromiso. Descubrirá que en forma gradual esto los acercará más y, con el tiempo, operarán como un equipo.

Espera que le informe cada vez que gasto un centavo

Para ayudarlo a descubrir por qué su esposa está tan interesada en cómo gasta usted cada centavo, examinemos cómo disponen juntos del dinero.

A lo mejor, su esposa solía pensar que era romántico cuando gastó cada centavo de su sueldo en un viaje sorpresa a

Puerto Vallarta. Ella rió cuando inauguraron su nueva casa rompiendo una botella de champaña de doscientos dólares contra la chimenea y se sintió llena de amor cuando le compró un brazalete que no podía costear. En la actualidad, ella lo molesta con el pago retrasado de la hipoteca, se pone lívida si usted llega a casa con dos boletos sorpresa para un concierto de Guns N' Roses y se enfada si paga las bebidas en la taberna local cuando gana su equipo favorito.

Si tiene suficiente dinero en el banco y paga a tiempo las cuentas, entonces, usted tiene razón: su esposa tiene un problema. No obstante, si usted todavía insiste en comprar esquís nuevos, en apuestas de doscientos dólares en cada juego de fútbol o en unas vacaciones impulsivas a Palm Springs cuando sus hijos necesitan zapatos, es tiempo de que madure en lo relacionado con su matrimonio y su familia. Si su esposa grita que es irresponsable y hace comentarios sarcásticos tales como: ''Los vecinos están organizando una colecta para los uniformes escolares de los niños'' o ''No te importa un bledo esta familia. Lo único que te importa eres tú mismo'', su esposa le está facilitando culparla por el problema. Cuando ella reacciona de esta manera, usted puede no prestarle atención por molestarlo, por ser quejumbrosa o una persona pesada. En lugar de ver a su esposa como si ella fuera el problema, necesita cambiar algunos de sus hábitos de gastar el dinero. Resulta más fácil decirlo que hacerlo, pero no hay otra manera.

Si su esposa exige detalles minuciosos de cómo gasta el dinero, quizá se sienta insegura de su lugar en la vida de usted. Si usted solía gastar dinero en ella y en la actualidad pasa tiempo lejos de su esposa y gasta el dinero con sus amigos, ella puede pensar que ya no es importante para usted. En este caso, no es un asunto de dinero, sino de tiempo, amor y afecto. Si ya olvidó el hábito de comprar un regalo a su esposa, llevarla a cenar o, simplemente, decirle ''Te amo'', haga que de nuevo se sienta especial y dejará de lamentarse.

Si lo que gasta está dentro de lo razonable, entonces, quizá lo que le parece una preocupación tensa por parte de su esposa, en realidad sólo es su manera de decir que desea tomar parte en las decisiones financieras del matrimonio. Si usted ha continuado con su antiguo patrón de gastar lo que desea, cuando lo desea, sin consultarla, es posible que sienta que no confía en ella o que no respeta su opinión.

Para su esposa, una sociedad significa hablar sobre lo que hace cada uno de ustedes. Si llega a casa y anuncia triunfante que hace un mes sacó dinero de su cuenta mancomunada, para invertirlo en algunas acciones que no perdía de vista y ahora se convirtió en mucho dinero, en lugar de felicitarlo, su esposa podría enfadarse. Desde su punto de vista, tomó una decisión firme e informada. Desde el punto de vista de ella, no tomó en cuenta su opinión. Tomar en cuenta los sentimientos y opiniones de su esposa no sólo es justo, sino que también disminuirá su ansiedad y angustia.

Toda la presión recae en mí

Si tiene preocupaciones monetarias, puede resultarle difícil hablar con su esposa sobre éstas. Todavía se supone que los hombres deben ser fuertes. Por este motivo, aunque puede hablar con su esposa sobre su trabajo hasta cierto punto, cuando se trata de asuntos más profundos (competencia, vulnerabilidad, sentirse inseguro de sus decisiones) es factible que se sienta tentado a mantener dichos sentimientos para sí mismo. No obstante, si se siente solo con esta presión, podría empezar a experimentar resentimiento hacia su familia.

Puesto que no comenta cómo se siente, su esposa puede no comprender lo abrumado o presionado que en realidad está. Cuando le muestra el vestido nuevo que compró o se queja de que desea renunciar a su empleo porque su jefe es un latoso, no tiene idea de que sus comentarios hacen que usted se sienta todavía más presionado, inadecuado o resentido. Si usted reacciona con sarcasmo o si se aparta, su esposa pensará que hizo algo mal. No sabrá lo que en realidad le inquieta.

Un asunto a considerar es dónde se origina la presión que siente. Si se deja llevar más por fuerzas internas que por las necesidades reales de su esposa e hijos, en ese caso, es importante no culparla por su ambición de tener éxito. Sin embargo puede hablar con ella.

Al decir algo simple como: "La presión en el trabajo me está afectando en verdad": es factible que inicie una conversación. Podría ser que su esposa se sienta feliz porque comparte sus sentimientos con ella, revelará lo que piensa y lo apoyará.

No obstante, a las mujeres se les dificulta en ocasiones comprender la profundidad del deseo de los hombres por tener éxito. Por lo general, las mujeres ven el sitio de trabajo como una extensión de la familia; buscan a su jefe o compañeros de trabajo para obtener aprobación o amistad y trabajan para cooperar, más que para competir. Por el contrario, los hombres ven el lugar de trabajo en términos de un gladiador, como una arena para la competencia. Si comunica a su esposa sus preocupaciones en relación con el trabajo y ella dice: "No lo tomes tan en serio" o "¿No te preocupa que tu colega deje de apreciarte?", podría no sentir la inclinación de volver a revelar pronto lo que siente. Sin embargo, resista la tentación de apartarse. En cambio, muéstrele esta sección del libro y pídale que la lea. Mejor aún, hable con su esposa sobre las estrategias del lugar de trabajo como usted lo ve. Si su esposa es una mujer que trabaja, podrá beneficiarse al comprender cómo operan los hombres en el medio ambiente del trabajo.

Preste también atención a su propio tono de voz. Si desea el apoyo de su esposa, no haga que sienta que se queja de ella y de los niños. No diga: "Estoy demasiado ocupado trabajando para pagar su ortodoncia", cuando su esposa sugiere que ambos asistan al juego de futbol de su hijo. Aclare con exactitud el origen de la presión: "Si pierdo esta cuenta de Gillicuddy, perderé mi bonificación de Navidad" o "Jones y yo estamos parejos para esta promoción".

Si se siente que no es apreciado, dígalo. No desaparezca en el estudio con un papel o con el control remoto de la televisión. Si sus hijos tienen suerte, no soportarán la carga de tener que preocuparse por el dinero. No obstante, en ocasiones, el dar a los hijos ese regalo que han estado pidiendo representa una carga adicional para usted, porque puede sentir que lo daban por hecho. Todos desean que aprecien sus esfuerzos. Si no obtiene suficientes halagos, solicite algunos. Diga: "Estoy trabajando mucho. Me gustaría saber que tú y los niños me respetan/aman/aprecian por eso". El solo hecho de hablar con su esposa sobre sus sentimientos puede eliminar la carga. Si su esposa queda atrapada en sus propias presiones en casa o en el trabajo, en ocasiones podría olvidar que usted también necesita halagos. Refresque su memoria.

Si es su esposa quien lo presiona para que gane más dinero, la situación requiere una solución diferente. Si usted hace todo lo que está a su alcance y su esposa no trabaja, pídale que consiga un empleo. Si ambos trabajan, pero ella se siente afligida, siéntese a charlar con ella y averigüe si hay alguna manera en que puedan aumentar sus ingresos disponibles transigiendo.

Su esposa podría sentirse ansiosa y no expresar bien sus sentimientos. A pesar de que usted siente que la presión de mantener a la familia recae toda en usted, es factible que su esposa sienta también presión, aunque de una manera diferente. En realidad, ella puede sentirse más impotente, ya que no puede contribuir económicamente tanto como le gustaría. Tenga en mente que la mujer promedio todavía gana 33% menos que el hombre promedio. Si piensa que el futuro de su familia está en sus manos, supongo que su esposa siente de la misma manera. Siéntese y hable sobre esto. Si puede llegar a apreciar las preocupaciones de su esposa sin sentirse atacado personalmente, y ella puede apreciar la presión que usted siente al hacerse cargo no sólo de su familia, sino también en un sentido competitivo, está en camino hacia una relación más íntima.

Espera que la cuide

Incluso en la actualidad, algunas mujeres esperan que las cuiden. Por lo general, se casan con hombres que actúan de acuerdo con esto, al menos por un tiempo. Si su esposa depende de usted ahora, es probable que haya sido así siempre. Usted y su esposa se han beneficiado con esta relación hombre fuerte-mujer impotente. Como a su esposa le resulta difícil ser fuerte, existe la posibilidad de que a usted se le haya dificultado también ser vulnerable. Sin embargo, dentro de cualquier relación, la gente cambia. Si en la actualidad se siente capaz de demostrar más vulnerabilidad o de sentirse más seguro de sí mismo como una persona fuerte, no necesita que otra persona se lo refleje. Está listo para aplicar ese cambio en su relación.

Si ya se cansó de su papel, depende de usted informar con amabilidad a su esposa que cree que es lo mejor para ella ser más independiente. Como sucede con cualquiera, mientras más independiente llegue a ser su esposa, mejor se sentirá en relación consigo misma y su relación.

Por supuesto, su esposa podría no estar deseosa de abandonar su papel dependiente. Si ella dice cosas tales como: "Oh, todos estos estados de cuenta y recibos telefónicos son semejantes" o "Tú tratas con los banqueros mucho mejor que yo", no lo crea. No obstante, tampoco se muestre hostil o sarcástico. Es más beneficioso asumir que su esposa necesitará que la anime mucho. El ser hostil o sarcástico perjudicará cualquier intento que haga por ayudarla a ser independiente. Sencillamente, responda que tiene fe en su habilidad para comprender.

Hable con su esposa sobre sus cuentas e inversiones. Insista en que escuche y comprenda dónde está su dinero y lo que hace con éste. Hagan juntos un presupuesto. Espere que viva de acuerdo con sus responsabilidades en relación con el presupuesto. Trátela como a un igual y ella empezará a actuar como tal.

Si le hace las mismas preguntas una y otra vez, sugiera que tome notas. Pídale que vaya al banco, que llame a su corredor de bolsa o que pague las cuentas mensuales. Su esposa podría sentirse amenazada por su petición para que se involucre más en su vida financiera. Puesto que pensó que el hecho de que se encargara de ella significaba que la amaba, ahora podría pensar que ya no la ama. Asegúrele que en realidad es porque la ama por lo que ahora insiste en que actúe un papel igual. Dígale que si algo le sucede a usted, desea que esté preparada, en lugar de encontrarse impotente en un momento vulnerable.

No se sorprenda si experimenta cierta ambivalencia al moverse hacia una relación más equitativa. A pesar de que desea mucho esta transición, una vez que su esposa empiece a confiar en sus propias decisiones, podría sentirse amenazado o, incluso enfadado por su independencia floreciente. En este punto, puede empezar a enviarle algunos mensajes cruzados. Por ejemplo, podría solicitar su opinión y, después, criticar lo que ella dice. Con el tiempo, esto frustrará su propósito. Por lo tanto, esté consciente de esta tendencia y haga todo lo posible por animar a su esposa, incluso en medio de su propia inseguridad.

Gana más dinero que yo y no sé cómo tratar este asunto

Cuando una esposa empieza a ganar más dinero que su marido, esto afecta el equilibrio de poder y se necesitan ciertos

46

ajustes por ambas partas. Si tiene dificultad para aceptar este nuevo giro de eventos, existe la posibilidad de que su esposa también esté batallando, ya sea debido a su propio ajuste o porque sabe que esto resulta difícil para usted.

Parte de cómo responda usted ante esta situación dependerá de cómo reaccionaron ambos ante esto, con anterioridad, cuando usted ganaba más dinero que ella. Si entonces era irrelevante, será más fácil para ambos ajustarse ahora. No obstante, si usted pensaba que debido a que ganaba más dinero, merecía más poder en la relación, en ese caso, su esposa podría sentirse tentada a devolver lo que solía recibir.

Si reconoce en ella alguno de sus comportamientos previos (por ejemplo, tomar decisiones financieras sin consultarlo, cuestionar cómo gasta cierto dinero o criticar algunas de sus decisiones), indíqueselo, como ella lo debería haber hecho con usted. Si su esposa responde: "No me consultabas cuando ganabas más dinero", diga "Lo sé, pero no hablaste claro. Eso no significa que yo debo hacer lo mismo". No obstante, asegúrele que si los papeles cambian de nuevo, recordará lo que se siente.

Si su ego está vinculado a ganar dinero, este cambio de eventos le resultará difícil. Lo educaron para creer que sería quien llevaría a cuestas la responsabilidad máxima del éxito financiero o del fracaso de su familia. Al aprender a sobrellevar esta nueva situación, debe evitar caer en algunas trampas:

● No se aparte de su esposa. Esto creará distancia entre ustedes y dificultará sobrellevar esta nueva situación. Su esposa podría rehusarse a acercarse a usted para hablar, si se muestra apartado. En cambio se alejará de *usted.*
● No haga comentarios sarcásticos acerca de su trabajo, jefe o carrera. Si está enfadado, dígalo. Es natural que esta situación haga que se sienta incómodo; sin embargo, no ayudará culpar a su esposa.

● No rehúse las discusiones sobre dinero. Por ejemplo, si su esposa pide su opinión, no diga de pronto: "Bueno, es tu dinero. Decide tú".

● Por otra parte, resista la tentación de supervisar a su esposa porque se siente inseguro. Ella podría incluso continuar con este comportamiento, si se siente culpable o confundida, pero con el tiempo, esta dinámica parecerá falsa y hará que ambos sientan resentimiento.

Si puede iniciar una conversación sobre este tema, esto facilitará las transiciones para ambos. Puesto que su esposa podría dudar en acercarse a usted por temor de herir sus sentimientos, demuéstrele que es capaz de manejar la situación. Ayúdela a lograr la transición permitiéndole que sepa que está de su lado. Anímela a actuar bien e infórmele que está interesado en su carrera. Aplauda sus logros.

Si la idea de discutir sus sentimientos con su esposa lo hace sentirse incómodo, intente demostrar un poco de humor. Regálele una "llave ejecutiva" para su baño. También puede decir: "Seríamos la pareja perfecta para un cartel de la revista *NOW*" o "¿Acaso esto significa que ya no cocinarás mi platillo favorito de pollo?"

No sabe que estoy muy preocupado por mi trabajo

Si cree que el futuro financiero de su familia recae firmemente sobre sus hombros, será muy difícil que comparta sus temores acerca de perder su empleo o de que le asignen un puesto inferior. Si cifra su autoestima en qué tan bien se hace cargo de su familia, es probable que asuma que su esposa lo juzgará como se juzga a sí mismo, como un fracaso.

No sólo se supone que usted debe hacerse cargo de su familia, sino que también se espera que lleve con estoicismo la carga de hacerlo. Los hombres están acondicionados para no comentar sus temores; hablar sobre dichos temores es visto como una señal de debilidad. Por otra parte, las mujeres se sienten más cómodas al desnudar su alma, sin preocuparse de que el obrar así las debilite. Debido a esta diferencia, al presentir que algo está mal, su esposa podría presionarlo para que le dijera lo que sucede. En lo que a ella concierne, la situación sólo puede mejorar si usted la comenta.

Usted podría sentir que se encuentra en un doble conflicto: por una parte, su esposa desea que admita su vulnerabilidad, pero usted también sabe que ella espera que sea fuerte. Debido a estos dos mensajes conflictivos, en ocasiones, no hablar sobre lo que en realidad sucede parece la solución más segura y casi cómoda.

A pesar de esto, si no habla con su esposa, su preocupación sobre su trabajo con seguridad saldrá a la superficie de otras maneras. Por ejemplo, puede reñir con ella, quejarse porque la comida se desperdicia o debido a que los zapatos se gastan con demasiada rapidez. Puede tomar algún comentario casual que ella haga, tal como: ''Mira esa casa grande, ¿acaso no es hermosa?'', como una señal de que lo considera con carencias.

Muchos hombres piensan que protegen a sus esposas de las malas noticias o de preocupaciones al no comunicarles lo que sucede. Sin embargo, no le hace ningún favor a su esposa al no hablar con ella. Es probable que su esposa prefiera que le diga lo que siente, para poder ofrecerle apoyo. De lo contrario, es factible que capte su mal humor como algo personal y se devane los sesos tratando de indagar lo que hizo mal.

Por supuesto, usted piensa que sabe con exactitud lo que sucederá si comunica a su esposa que está preocupado: ella también se preocupará. Entonces, no sólo tendrá que enfrentar sus propios sentimientos, sino también los de ella.

No necesita sentirse obligado a asegurarle que todo resultará bien. Ella es una mujer madura. Puede sentirse ansiosa y, aun así, sobrevivir, al igual que usted. Por ejemplo, si su ansiedad empieza a ser excesiva, si constantemente se lamenta de lo que va a suceder, sea directo y dígale que su ansiedad hace la situación más difícil para usted.

Si lo interroga demasiado, dígaselo. Infórmele que no se siente cómodo al hablar en forma constante sobre la situación, pero que promete mantenerla informada de cualquier nuevo acontecimiento. El hecho de que el hablar la haga sentirse mejor no significa que usted no puede fijar límites en esto para su propio confort.

Podría preocuparle perder prestigio si admite sus temores a su esposa, mas existe la posibilidad de que lo ame más cuando se muestra vulnerable y comparte sus sentimientos. Aunque quizá no comparta esta clase de desconfianza en sí mismo o preocupaciones con un amigo o con un colega, recuerde que su esposa desea saber lo que siente y que se siente más cerca de usted cuando se lo dice.

Cuarto punto problema:
El sexo

Cuando las mujeres piensan o hablan sobre el sexo, utilizan palabras tales como *pasión, romance, amor, vínculo.* Sin embargo, si usted es como muchos hombres, el sexo para usted es mucho más simple: ve a su esposa pasar con sus pantalones de mezclilla ceñidos y desea hacerlo. Contrario a las descripciones eminentes de su esposa, es factible que radiografíe las palabras que pasan por su mente sean calificadas "no aptas".

Es notorio que los hombres se excitan sexualmente a través de la vista, a diferencia de las mujeres. Por ejemplo, es probable que vea docenas de mujeres durante el día (en el trabajo, en las portadas de las revistas, caminando por la calle) y momentáneamente sienta excitación sexual. Su esposa puede excitarlo sólo al cruzar las piernas de cierta manera, al usar una playera ceñida o, quizá, al respirar.

Aunque podría inquietar a su esposa cuando cruza la habitación con el pecho desnudo, es más probable que la plática y un sentimiento de cercanía sean en realidad lo que la exciten.

Sentirse importante y querida es tal vez más importante para su esposa que el acto sexual en sí.

Cuando siente esa excitación sexual, desea tener sexo y no hay retardo. Por otra parte, su esposa podría desear charlar primero, cierta intimidad antes de irse a la cama con usted. Usted podría evocar sus primeros días y recordar la época cuando su esposa no parecía necesitar tanto tiempo o atención. No obstante, el motivo por el que "Vamos a hacerlo" funcionaba para usted cuando salían es que su esposa daba a esas palabras muchos significados: "Está loco por mí" o "Tiene que tenerme". En la actualidad ella siente que usted dice con exactitud lo que quiere expresar, que desea hacerlo. Cuando su esposa deje de escuchar romance en esas palabras, ya no responderá ante éstas de la manera que usted desea.

Para usted, el sexo podría parecer una buena forma divertida para acortar cualquier distancia. Sin embargo, su esposa puede necesitar sentirse vinculada con usted antes de tener sexo. Por este motivo, si ambos se van a la cama enfadados debido a una discusión y, por la mañana, usted sugiere hacer el amor, es factible que su esposa diga que no. En lugar de apreciar su esfuerzo por romper el hielo, ella puede sentirse herida y decir que no considera sus sentimientos.

Es difícil para usted no sentirse rechazado, si sugiere tener sexo y su esposa dice que no; lo mismo sucede cuando usted le dice que no a ella. Algunos hombres quedan atrapados al pensar que siempre deben estar listos. Podría preocuparle que su esposa lo considere débil o poco hombre, si no trata de satisfacerla siempre que ella desea tener sexo. Con el tiempo, todas las parejas casadas comprenden que ambos no desearán hacerlo siempre al mismo tiempo. Aprender a decir que no y aceptar el no de una manera amorosa es esencial para una relación sana.

Cuando la comunicación es pobre en un matrimonio, el sexo puede utilizarse para enviar un mensaje. Si usted o su esposa tienen dificultad para hablar sobre lo que los preocupa, en ocasiones resulta irresistible utilizar el sexo como campo de batalla. Por ejemplo, si piensa que su esposa pasa demasiado tiempo con los niños y ninguno con usted, podría expresar su ira negándose a tener la clase de sexo romántico que a ella le agrada. Si su esposa siente que no le presta la atención emocional que desea, puede apartarse sexualmente de usted, en lugar de comunicarle lo que opina que falta en la relación.

Durante el curso de su matrimonio usted, su esposa o ambos podrían tener algún tipo de problema sexual. Por ejemplo, no es poco común que los hombres tengan dificultad para tener o mantener una erección en algún momento u otro. Si su esposa se inquieta o preocupa y lo presiona para que hable, esto podría empeorar las cosas. Sus propios temores de ser poco atractiva pueden salir a la superficie y, en medio de su propia ansiedad, usted puede sentir que tiene que tranquilizarla. Si usted dice simplemente "Todavía no quiero hablar sobre esto" es perfectamente comprensible. La mayoría de los problemas relacionados con la erección son transitorios y mientras menos atención se les dé es mejor. No obstante, si el problema continúa, es mejor que lo comente, para que su esposa pueda ayudarlo a resolverlo. (Cualquier problema sexual repentino, a no ser que con claridad esté vinculado con la ansiedad en su mente, debe ser examinado médicamente. Con frecuencia, lo que parece ser un problema sexual resulta ser un problema médico que se soluciona con facilidad.)

Si su esposa tiene un problema sexual, usted podría pensar que debe solucionarlo. Esto también puede desencadenar en usted temores acerca de que es inadecuado como amante. Los hombres son susceptibles a creer que el goce sexual de sus esposas es su responsabilidad. Por supuesto que no es así; depende de su esposa comunicarle lo que le gusta. También es responsabilidad de ella hablarle sobre sus problemas y encontrar formas en que usted pueda ayudarla a solucionarlos.

En este capítulo menciono las preocupaciones más comunes que escucho de los maridos, así como algunas sugerencias sobre cómo puede hablar con su esposa sobre esto.

Nunca desea hacerlo

¿Ella se niega porque la presiona para tener sexo con una frecuencia mayor de la que resulta confortable para ella? Si desea tener sexo dos veces al día y su esposa prefiere tenerlo dos veces a la semana, en ese caso, lo va a rechazar la mayor parte del tiempo. El pedirlo repetidas veces enfadará a su esposa o la hará sentirse inadecuada y ninguna de las dos cosas logrará un sí resonante la próxima vez que usted lo pida.

Quizá termine obteniendo un sí culpable de su esposa por cada tres no. Este patrón tiene la garantía de hacer que ambos no se sientan entusiasmados por el sexo: usted, porque tiene que pasar tres veces las de Caín para conseguirlo; su esposa, porque todavía se siente presionada para tener sexo.

En lugar de quejarse o solicitarlo en forma continua, discutan la frecuencia que cada uno prefiere y lleguen a un acuerdo. Sea directo: "Me gustaría tener sexo dos veces al día, si de mí dependiera. ¿Qué opinas tú?" Su esposa podría responder: "Me sentiría cómoda al tener sexo dos veces a la semana". Podrían llegar a un acuerdo de tener sexo cuatro veces a la semana.

El sexo, al igual que todos los demás aspectos de su matrimonio, implica compromiso. El hecho de que a usted le guste tener sexo dos veces al día no significa que tiene que presionar a su esposa para que lo haga. Por otra parte, su esposa podría ceder un poco también y complacerlo al tener sexo con más frecuencia de la que acostumbra. Si tiene duda, que el promedio nacional sea su objetivo. Esto probablemente significará que tendrá que disminuir su número y su esposa tendrá que aumentar el suyo.

54

Es posible que su esposa diga no porque usted lo pide en momentos inoportunos. Por ejemplo, si le agarra el busto y le oprime el trasero cuando ella esté desempacando los comestibles o cuando su madre está en la cocina, le dirá que no. Lo mismo sucederá si acaba de comentarle que está exhausta por el trabajo y desea dormir. Elija el momento o, mejor aún, pregunte a su esposa cuándo desea hacer el amor, ¿por las mañanas, por las noches o por las tardes desocupadas?

¿Qué hay acerca de la manera como lo pide? Es posible que ella espere más romance, algunas flores, una cita para cenar. Podría ser que la sienta segura y no piense en lo que a ella le gustaría. En lugar de saltar sobre ella cuando se desviste y decir: "¿Qué tal ahora?", cinco minutos antes que ella debe partir para ir a trabajar o de quejarse porque nunca desea hacerlo, sorpréndala con un pequeño regalo o invítela a cenar.

Si usted lo ha estado pidiendo y su esposa se ha negado durante algún tiempo, existe la posibilidad de que en la actualidad ella ni siquiera sepa cuándo *desea* tener sexo, porque está demasiado ocupada apartándolo. Retroceda y dé a su esposa una oportunidad para acercarse a usted. Le sorprenderá el buen resultado de este enfoque, si espera el tiempo suficiente.

Decir que no siempre tiene un significado diferente, si su esposa utiliza el rechazo y se aparta como una forma de herirlo por otras quejas que tiene. Al continuar con su patrón de solicitarlo, la ayuda a evitar hablar sobre lo que la preocupa. Debido a que ambos permanecen enfocados en el sexo, el verdadero problema nunca sale a la superficie.

Cualquiera que sea el motivo por el que ella está enfadada, no puede ser peor que la situación que ya viven. Si sabe que existe un problema y ha intentado olvidarlo al tener sexo, olvídelo. En lugar de pedir algo que ella no tiene intención de dar, pregúntele lo que le molesta. Dígale que está interesado en lo que ella siente. Esto indica un deseo de su parte de escuchar lo que su esposa tiene que decir. Podría descubrir que una vez que su esposa sienta que puede hablar y que usted la escuchará, se abrirá de nuevo sexualmente. Una vez que ella le diga lo que siente y sepa que desea escuchar sus sentimientos, recuérdele con amabilidad que le gustaría que en el futuro fuera más directa.

¿Qué mal hay en desear el simple sexo común? No puedo remediar el hecho de no sentirme siempre romántico

Es probable que tuviera más sexo con su esposa cuando la agasajaba al cortejarla y al inicio de su matrimonio que en la actualidad. Incluso sus improvisaciones tenían un sabor apasionado; quizá la provocaba para que lo hicieran antes que llegara a casa su compañera de cuarto o detenía el coche en alguna calle oscura, la atraía hacia usted y decía: "No puedo soportar un segundo más. Me vuelves loco".

Por supuesto, no hay nada malo con el sexo común y simple. En ocasiones, se siente excitado y desea satisfacer la urgencia. Esto no es romántico, sino un deseo físico. Si su esposa coopera, no tardaría mucho tiempo en quedar satisfecho. No obstante, la mayor parte del tiempo, su esposa no se sentirá contenta al tener esa clase de sexo. A las mujeres les gusta la pasión. Por este motivo, las mujeres leen novelas románticas y usted "lee" *Playboy*.

Debido a que es menos probable que su esposa separe el sexo del amor, rara vez piensa en tener sexo para satisfacer una urgencia momentánea. Si lo que ella busca cuando pide romance es la cercanía, entonces, el tener sexo sólo por tenerlo la desilusionará. Podría ser que si da a su esposa lo que ella desea (caricias, conversaciones románticas prolongadas, algunos mimos de vez en cuando), no pondrá resistencia ni resentirá su interés en el simple sexo habitual.

Evoque su última media docena de encuentros sexuales. Si la mayoría de estos fueron como a usted le gusta, de una manera simple y sin rodeos, entonces, es tiempo de dar también a su esposa lo que ella desea. Algunos hombres se sienten incómodos con el sexo romántico. Sin embargo, muchas mujeres se sienten incómodas con el sexo no romántico, por lo que deben llegar a un acuerdo.

Por otra parte, no deben chantajearlo para tener que arrojar gardenias por toda la cama cada vez que desea hacer el amor. Si tiene que proporcionar un nuevo escenario romántico de dos horas, cada vez que desea tener sexo, en ese caso, su esposa no está siendo razonable. Indíquele la clase de romance que le resulta confortable. En otras palabras, besarla durante veinte minutos está bien, pero hablar como Rhett Butler no lo está.

Juegue un juego con su esposa. En una ocasión ella le dirá lo que desea (tal vez que la agasaje y después la cargue para llevarla a una habitación alumbrada con velas. La próxima vez, usted le dirá lo que desea: "Vamos a hacerlo de pie, en el pasillo, en este momento".

Si su esposa se siente tensa en relación al sexo, podría poner barreras al hacer peticiones de romance no razonables. De esta manera, no tiene que examinar su propia reserva. Si piensa que su esposa le imposibilita agradarla, es tiempo de hablar con ella. Dígale con franqueza lo que siente. "Paso las de Caín para tener sexo contigo y aún así me rechazas. Es tiempo de hablar sobre lo que te sucede".

Por supuesto, en ocasiones una pareja siente desidia y deja de trabajar en su relación. El desear el sexo simple habitual puede ser una señal de esa indolencia. El mantener interesante el sexo en un matrimonio puede ser un desafío, así como es el mantener interesante y con vida todo su matrimonio. La variedad y el acuerdo son la llave.

No sé cómo complacerla

Rara vez escucho a las mujeres decir que no saben cómo complacer a sus maridos. Por lo general, saben con exactitud lo que los excita. El hecho de que lo hagan o no es otro asunto, pero casi siempre conocen lo que provoca a sus esposos. Esto se debe a que la mayoría de los hombres son más directos respecto a lo que les gusta y cómo les gusta. También ayuda el hecho de que resulta fácil saber cuándo están excitados.

Esto puede no ser tan fácil con su esposa. Puede tener dificultad para comunicarle lo que desea. ¡Peor aún, quizá no sabe lo que desea, pero esperaba que usted lo supiera! A muchas mujeres se les dificulta más que a los hombres ser específicas. Si su esposa tiene problemas para decirle lo que le gusta y si se le dificulta tener un orgasmo, entonces, usted tiene que adivinar.

Resulta frustrante si desea que su esposa disfrute el sexo tanto como usted, pero ella no ayuda. Algunas mujeres son inseguras y se sienten incómodas si dedican ''demasiado tiempo'' a obtener placer. Su esposa podría sentirse tentada a satisfacer sus necesidades y no enfocarse en las propias, debido a esta clase de vergüenza. Incluso puede fingir más placer del que siente, para que usted no continúe enfocando su atención en ella. Por supuesto, es factible que usted lo note.

Dígale que es importante que ella también sienta placer. Comente que desea dedicar todo el tiempo necesario para ayudarla a sentirse bien. Una vez que se sienta segura con usted, podrá relajarse y eso hará que las cosas se desarrollen por sí solas.

La mejor manera para tener la seguridad de que todos la pasan bien es hablar sobre esto. Comparta sus fantasías y pida a su esposa que comparta las suyas. Pregúntele si hay algo que le gustaría que hiciera y que a usted no se le ha ocurrido. Pregúntele lo que le gusta o lo que cree que le podría gustar. No permita que le dé respuestas tales como: ''Lo que hagas estará bien'', ''Todo me agrada'' o ''No lo sé''.

Diga: "Te diré lo que me gusta y, después, tú me dirás una cosa que te agrade". Si no puede expresar con palabras lo que le gusta, durante el sexo usted puede decir: "Eso me agrada", y preguntar: "¿Esto te agrada? ¿Aquí? ¿O aquí?" Experimenten un poco: lean juntos algunos libros sobre sexo o vean algunas películas.

¿Su esposa no es tímida, sino criticona? Si sin importar lo que usted haga, ella se frustra o lo critica y luego lo culpa de que ella no puede relajarse o tener un orgasmo. Ella necesita responsabilizarse de su propio placer. Usted puede conseguir que ella logre esto de dos maneras:

- Si ella dice que si usted la acariciara correctamente, ella estaría bien, pídale que sea específica. Dígale que tiene que permitirle que sepa lo que le agrada.
- Si todavía se queja o se siente frustrada, sugiera que le muestre lo que le agrada, mientras usted observa. Explíquele que puede aprender mejor bajo su dirección experta, por decirlo así.

Podría ser que le preocupe demasiado cómo agradar a su esposa. Si le inquieta su desempeño (ya sea que esté haciendo un buen trabajo o si ella lo disfruta), es probable que usted no lo esté disfrutando mucho. Quizá ella lo disfruta, pero usted necesita que lo tranquilice, debido a su propia inseguridad en relación con el sexo y su habilidad para hacerla feliz. Los hombres y las mujeres se preocupan por cómo actúan en la cama. Aunque la destreza técnica es útil, no es un ingrediente esencial para agradar a la mayoría de las mujeres. Al ser amoroso, reconfortante, cariñoso y atento con su esposa logrará mucho más en la cama, que el tiempo que puede mantenerse activo.

En ocasiones, el hecho de enfocarse en sí mismo aumentará el placer de su esposa. Si ella sabe que usted la está pasando bien y no se esfuerza demasiado, entonces, ella también podrá relajarse.

No experimenta cosas nuevas

¿Recuerda el tiempo cuando su esposa era más divertida y estaba menos tensa? Quizá anteriormente, si usted decía: "Vamos a hacerlo en el elevador", ella no hubiera accedido, pero al menos hubiera reído ante la posibilidad. En la actualidad, si usted sugiere tal cosa, ella simplemente sacude la cabeza o finge que no lo escuchó.

Podría ser que su esposa se sintiera con mayor libertad antes, debido a que usted le prestaba más atención. Ambos estaban atrapados en la excitación de una nueva relación. Se enfocaban únicamente en el otro. Si ella se sentía amada y segura, es posible que deseara y se interesara en experimentar con usted. Intente dar de nuevo cierto romance a la relación. Salga con su esposa para tener una noche romántica. Cenar, una charla prolongada y tomarse de las manos puede renovar su interés.

Algunas veces, las mujeres piensan que deberían comportarse de cierta manera cuando tienen más edad o por el solo hecho de estar casadas. Por este motivo, tal vez el tener sexo en el patio trasero parecía bien cuando estaban recién casados, pero en la actualidad resulta impropio. Si tienen hijos, su esposa puede haber tomado el papel de madre y en forma parcial olvidarse de su lado sexual. Si usted ha caído en la trampa de relacionarse con su esposa únicamente como una madre o como su esposa, trate de ajustar su actitud.

- Cómprele ropa interior provocativa.
- Dígale que es excitante.
- No la llame mamá o mami.
- Váyase a la cama después de tomar una ducha y oliendo bien.

- Déle un beso en el momento más inesperado y dígale que la ama.
- Déle un gran beso frente a los niños. Tal vez se sienta avergonzada, pero le encantará.

Permita que su esposa sepa que lo atrae y que la encuentra sexualmente excitante. Ella no intentará desnudarse frente a usted, si le dice que está aumentando de peso, que cinco años antes tenía una apariencia mucho más joven o lo bien que se ve su secretaria. Trate de ser vulnerable también. Si desea que se desnude frente a usted, ¿por qué no le muestra cómo hacerlo? Si por su parte puede hacer que el sexo resulte juguetón, podría ser que ella no se preocupara demasiado por su apariencia.

Su esposa podría desear experimentar, pero quizá no esté interesada en los mismos juegos que usted. Si desea que su esposa lo reciba en la puerta vestida con medias de tejido de malla, tacones de quince centímetros y un sombrero, ella podría no sentirse cómoda. No obstante, podría agradarle que le diera un masaje con aceite en todo el cuerpo o untárselo a usted.

Si le ha pedido que participe en un acto sexual específico y ella continúa negándose, pregúntele lo que le agrada. ¿Hay algo que a ella le gustaría probar y que usted todavía no ha hecho? Si usted no actúa de una manera recíproca haciendo cosas que a ella le agradan, podría no desear intentar lo que usted desea.

La rutina de un matrimonio en realidad puede hacer que las parejas se muestren tímidas entre sí. En ocasiones, incluso parece que sería más fácil probar algo nuevo con otra persona. Esto se debe a que hay seguridad en la rutina; ambos saben qué esperar. Si está dispuesto a experimentar sexualmente y salir de la rutina, intente animar a su esposa de forma que resulte divertido intentar cosas nuevas, una vez más.

Salgan durante un fin de semana. Miren una película para adultos en su habitación del hotel. Pregunte: ''¿Recuerdas cuando salíamos y hacías esas cosas excéntricas con los daiquiris helados?'' Reviva su memoria sobre los buenos tiempos. Esto deberá proporcionar a ambos algunas ideas.

Siempre tengo que iniciar el sexo

Es probable que desde la adolescencia, usted haya iniciado el sexo. Esto se debe a que en nuestra cultura, es tarea del hombre buscar el sexo y el papel de la mujer es decir no o sí. Éste es un patrón difícil de cambiar una vez que se casan. Su esposa podría sentirse tan sofocada como usted por el papel. También, podría haber dejado en manos de usted sus sentimientos sexuales y no piensa en eso. Sin embargo, tiene toda la razón al sentirse abrumado; no hay motivo para que el hombre deba ser siempre quien inicie el sexo. No obstante, antes de hablar con su esposa, examine su propio comportamiento. Es factible que se acerque a su esposa con tanta frecuencia, que no le dé oportunidad de ser ella quien lo inicie. Acostumbrado como está a este papel, tal vez no dé tiempo a su esposa para permitirle que sus sentimientos sexuales salgan a la superficie. Si éste es el caso, reprímase un poco y vea qué sucede. Ella podría sorprenderlo.

Si su esposa no actúa por cuenta propia una vez que le ha dado oportunidad para hacerlo, dígale que le gustaría que ella iniciara el sexo algunas veces. Coméntele que es una locura asumir que sólo desea tener sexo cuando usted lo desea, lo cual es verdad. Más adelante, no la rechace cuando haga algún movimiento. Si no está acostumbrada a iniciar el sexo, resulta evidente que tampoco está acostumbrada al rechazo. Si desea que ella continúe siendo quien lo inicia, es una buena idea mostrar interés las primeras veces. Si la rechaza, hágalo de una manera amorosa y tranquilizante.

Algunos hombres dicen que desean que sus esposas inicien el sexo; sin embargo, sabotean los esfuerzos de ellas en cada ocasión. Si ha pedido a su esposa que inicie el sexo, pero siempre la rechaza, le está enviando un mensaje doble. A pesar de que la idea de que su esposa sea más agresiva puede parecerle buena, también puede resultarle amenazante. Incluso si nunca antes ha sentido ansiedad, podría experimentarla cuando de pronto se espera que actúe de acuerdo con los deseos de otra persona. En lugar de excitarse, podría sentirse inseguro.

Pudiera ser que su esposa trate de iniciar el sexo, pero que lo haga con tanta timidez, que usted no recibe el mensaje. Por ejemplo, si ella dice: "Voy a tomar una ducha, para estar bonita y limpia", tal vez usted no comprenda que su esposa está sugiriendo que desea tener sexo. Lo mismo sucede si ella dice: "Los niños no llegarán a casa hasta dentro de una hora". Si su esposa teme el rechazo, hará estas invitaciones en formas confusas, para no sentirse mal si usted no capta la insinuación. También podría sugerirlo en formas vagas, como una manera para que usted elegantemente no capte el mensaje. Así, ella puede pensar que protege su ego o que le evita tener que rechazarla. Sin embargo, si el mensaje es demasiado sutil para usted, dígalo. Cuando tenga duda, pregunte: "¿Estás sugiriendo que hagamos el amor?"

El hecho de que lo galanteen resulta divertido. Diga a su esposa que también le gusta sentirse seducido. Usted tuvo que dominar sus temores para galantear a las mujeres. No hay motivo por qué ella no pueda vencer cualquier temor que tenga. Tal vez para su esposa no resulte natural hacer el papel de mujer seductora; quizá tenga que aprender cómo hacerlo. No se burle de cualquier intento que haga por seducirlo. Una broma respecto a ella en ese momento la apartará y no volverá a tomar la iniciativa.

Por supuesto, su esposa tomará la iniciativa a su manera. Por ejemplo, podría planear una cena romántica o un paseo por la playa o acercarse con timidez para recibir un beso prolongado. Lo mejor es responder ante su iniciativa de una manera similar. Por ejemplo, si ella le da un beso prolongado, no deslice de inmediato la mano por sus pantalones; devuelva el beso y actúe con lentitud. Si desea que tome la iniciativa, acepte que lo dirija también durante el resto del camino.

Por otra parte, el hacer el primer movimiento podría ser todo lo que su esposa puede lograr por el momento. Si es así, ayúdela un poco haciéndose cargo; si es tímida, no querrá abrumarla. Una vez que ella note que usted es muy receptivo, podrá aumentar en forma gradual su participación y, tal vez, para deleite de usted, no pasará mucho tiempo antes de que ella se encargue de todo.

Sé que no lo disfruta; sin embargo, no tocamos ese tema

El no poder hablar sobre este problema sólo lo empeora. A pesar de esto, en lugar de hablar, muchas personas se niegan a comentar cuando el sexo no resulta bien. Es comprensible, pues casi todos se sienten vulnerables cuando se trata del sexo. Después de todo, usted queda literalmente expuesto en la cama y es fácil resultar herido o sentirse rechazado. No permita que eso lo detenga. Toque el tema. Si su esposa no habla al respecto, entonces, depende de usted. Sea directo. Diga: ''No creo que disfrutes el sexo''. Hable con ella sobre esto, hasta que comprenda el motivo.

Recuerde que, aunque usted podría sentirse vulnerable en relación con su desempeño, es probable que su esposa se siente vulnerable en relación con su atractivo. Si ella piensa que usted no la encuentra atractiva, podría apartarse de usted sexualmente. Dé a su esposa mucho ánimo, cumplidos y atención. No haga comentarios sobre lo hermosas que eran sus antiguas novias y no haga comentarios despectivos sobre el cuerpo de su esposa, ni siquiera si piensa que sólo está siendo gracioso.

Cualquiera que sea el problema (dificultad para relajarse, dificultad para tener un orgasmo, no disfrutar ciertas partes del sexo), ella quizá no sepa cómo hablar sobre esto. El decirle que algo la lastima puede significar algo que no puede hacer. Podría ayudarla preguntándole si hay alguna cosa que podría hacer que ella disfrute o si hay algo que usted hace y que a ella no le resulta cómodo. No obstante, no es justo para usted que lo coloque en la posición de tratar de adivinar lo que agradará a su esposa. Dígale que desea ayudarla para que disfrute el sexo, pero que necesita su ayuda.

Tal vez ella tema herir sus sentimientos. Las mujeres han sido entrenadas para creer que los hombres se derrumbarán si ellas hacen algún comentario sobre la sexualidad de un hombre. Por lo tanto, su esposa podría no abordar un problema que se resuelve con facilidad, sólo para no herir su ego. Podría no darse cuenta de que a usted le gustaría hacer las cosas de diferente manera, si eso la agradara. Permita que sepa que el sexo es una calle de doble sentido para usted. Dígale que lo disfrutará más si ella lo disfruta. Ella podría no reaccionar de inmediato, pero a medida que transcurra el tiempo, podría sentir más y mayor confort al ser franca con usted.

Si ha dado a su esposa todas las oportunidades para que le comunique si algo la inquieta e insiste en que todo está bien, entonces, crea lo que le dice. Podría estar disfrutando más de lo que usted cree o, al menos, con lo que se siente cómoda. Coméntele que espera que le diga si no se siente feliz o si desea que usted haga algo en forma diferente. En seguida, preste de nuevo atención a sus necesidades y su sentido de disfrute.

Es probable que su esposa le oculte su placer debido a que siente ira por otros asuntos. Si éste es el caso, ella necesita encontrar un modo más sano de comunicación, como lo es hablar. Usted podría indicarle con amabilidad que, puesto que no está disfrutando mucho, parece que se está castigando a sí misma al intentar castigarlo. Dígale que comprende que hablar debe ser sumamente difícil o que ella cree que no la escuchará, puesto que reprimiendo el sexo es la única manera en que ella cree que puede enviarle un mensaje. Anímela para que le diga lo que sucede en realidad y asegúrele que está dispuesto a escucharla.

Quinto punto problema:
La vida cotidiana

Uno de los mayores desafíos en un matrimonio es simplemente el lograr vivir juntos día con día. En los días buenos, se sienten vinculados y felices de estar juntos, leen mutuamente sus pensamientos y ríen por las bromas del otro. En los días malos, usted y su esposa pueden discutir por todo (cuántas mantas desea en la cama, si el perro debe estar adentro o afuera y lo que desea cenar).

La manera como reaccionan los esposos ante las diferencias entre ellos con frecuencia cambia a través del tiempo. Posiblemente, solía adorar la forma en que su esposa opinaba sobre todo y se comportaba con sus amigos. Ella pensaba que sus amigos eran divertidos, aunque no estuviera de acuerdo con ellos. En la actualidad, usted se irrita porque piensa que ella interviene en todo y dice que sus amigos son demasiado conservadores. Si pueden aprender a tratar sus diferencias con humor o reconocerlas sin criticar, usted y su esposa podrán disfrutar de nuevo la compañía mutua.

¿Algunas veces siente que se ha convertido en uno de los proyectos favoritos de su esposa? Parece que algunas mujeres prestan mayor atención al comportamiento de su esposo que al propio. Una vez que lo empiezan a percibir, la campaña para cambiarlo no está muy lejos. Por ejemplo, al igual que muchas mujeres, su esposa podría parecer obsesionada con sus modales o lo que ella juzga una carencia de éstos. Considera digno de comentario lo que usted se lleva a la boca, si es bueno o no para usted y cómo mastica, bebe, digiere y eructa. Lo mismo sucede si habla demasiado fuerte o si se comporta de una manera que la avergüenza.

A usted también le enfadan algunos de los comportamientos de ella (habla demasiado, da besos en el aire a las mujeres que odia y después de años de matrimonio, todavía se avergüenza cuando usted orina con la puerta del baño abierta. Usted no asume que su esposa cambiará; por lo general, sólo no le presta atención. Por otra parte, su esposa piensa que es tarea suya cambiarlo, en especial, cuando se trata de cosas tales como los hábitos al comer, la cortesía y la limpieza. Las mujeres creen que es tarea de ellas moldear a aquellas personas que aman; usted es su obra en progreso.

Su esposa podría sentirse también obligada a forzarlo a asistir a eventos culturales y familiares, suyos y de ella. Las mujeres casi siempre se apegan más que los hombres a las obligaciones familiares. Si usted no asistió a las bodas de sus primos antes de casarse y, ahora, su esposa le dice que debe asistir, es factible que haya fricción. El llegar a un acuerdo sobre estos asuntos puede disipar la tensión que surge cada vez que se presenta un evento familiar.

Si usted y su esposa tienen dificultad en otras áreas de su relación, pero no hablan sobre esto, es probable que usted encuentre falta en su comportamiento cotidiano. Por ejemplo, usted puede estar furioso interiormente cuando ella lo rechaza de nuevo al decir: "Me duele la cabeza", pero en lugar de decir: "Necesitamos hablar sobre nuestra vida sexual", se queja porque ella dejó una vez más el maquillaje por todo el lavabo o dice que no le importa si ella siente frío y que dormirá con la ventana abierta esa noche. Al discutir sobre estos asuntos triviales, usted y su esposa nunca tienen que enfrentar la escena grande. Pueden permanecer enfadados el uno con el otro indefinidamente. Muchas parejas encuentran esta irritación mínima y constante más cómoda que sostener una gran discusión. Es probable que nunca hayan aprendido cómo sostener una buena riña saludable y, por lo tanto, ambos evitan a toda costa los conflictos "grandes". Aprender cómo tener una riña productiva y no destructiva es fundamental para una relación sana.

En realidad no importa cuáles son los asuntos cotidianos que enfrentan usted y su esposa, lo que importa es cómo los manejan. Al hablar sobre el estrés y tensiones normales de vivir juntos, puede evitar la tensión y el resentimiento que se originan cuando no trata estos asuntos.

No soy insensible, sino que ella es demasiado sensible

En el trabajo, le gusta ser directo y decir lo que piensa. Si algo está mal, desea saberlo, para así poder corregirlo. Asume que otras personas operan también al "nivel de los hechos". Sin embargo, en casa podría descubrir que este enfoque no da muy buen resultado. Si su esposa se queja porque ha aumentado cuatro kilos y medio y usted dice sí cuando le pregunta si lo ha notado, no se sorprenda si se siente devastada. Lo mismo sucede cuando usted le dice que su nuevo corte de cabello no es tan bonito como el anterior o si señala que los pantalones de entrenamiento que lleva puestos no le favorecen mucho. Desde su perspectiva, sólo trata de ayudarla. Desde la perspectiva de ella, la está criticando y le da prueba positiva de que ya no la encuentra atractiva.

Tiene perfecto sentido el hecho de que su esposa reaccione de esta manera. En nuestra cultura, las mujeres jóvenes, delgadas y atractivas son el ideal. Es factible que su esposa piense que usted le está señalando esto de una manera constante e insensible. Con frecuencia, las mujeres prefieren vivir en un mundo de verdades a medias. Ambos saben que su esposa ha aumentado cuatro kilos y medio, pero ella se siente bien al pensar que la ama lo suficiente como para ni siquiera notarlo. (De cualquier manera, ¿cuántos kilos ha aumentado usted?)

Por otra parte, si la inseguridad de su esposa hace que escuche crítica, desaprobación o insensibilidad, cuando usted no intenta expresarlas, es factible que sienta como si caminara en un campo minado todo el tiempo. Si asume que cada comentario que usted hace ("Me gusta el nuevo corte de cabello de tu hermana", "John y Susan asisten juntos a un gimnasio" o "He aumentado de peso...") es un comentario sobre ella, dígale con tono neutral: "Hablaba sobre otras personas. Si deseara comentar sobre tu apariencia, peso o cabello, lo haría en forma directa". Repita esta misma respuesta cada vez que su esposa se muestre herida por un comentario que usted hizo sobre alguien más. Haga todo lo posible por no vigilar o censurar su conversación para disminuir la inseguridad de su esposa. Si no cede ante el problema de su esposa, con el tiempo, ella podrá escucharlo sin esa sensibilidad tan poco sana.

Si su esposa se queja de que usted es insensible, porque la llama en el último minuto para avisarle que saldrá a tomar una cerveza con los amigos o para decirle que hizo planes para que ambos se reunieran con unos amigos para cenar, entonces, ella tiene razón. El hecho de consultar a su esposa es una señal de respeto. Ella no es un compañero de trabajo, un amigo o un compañero de cuarto; es su esposa. Desea sentir que la incluye en su vida, en especial, cuando interfiere con ella. Haga el esfuerzo por llamarla con tiempo o de pedirle su opinión antes de hacer planes para ambos. Al principio podría resultar incómodo, pero después de un tiempo, será algo natural.

Podría preocuparle que si no es lo bastante directo con su esposa (en relación con su peso, por ejemplo), ella no cambiará su comportamiento ni comprenderá lo mucho que lo molesta el problema. Por este motivo, se queja o se muestra un poco sarcástico cuando habla sobre su peso. Su razonamiento dice que si usted la apoya y es "deshonesto", ella no comprenderá y aumentará todavía más su peso, puesto que está convencida de que usted está de acuerdo.

Sin embargo, la verdad del asunto es que el quejarse o el ser sarcástico no le proporcionará los resultados que desea. Tratar de controlar el comportamiento de cualquier persona por medio de críticas no da resultado. La persona sólo siente resentimiento, enfado y se muestra reservada o rebelde.

Así como su esposa tiene que decidir finalmente si lo acepta como es, usted tiene que decidir si puede aceptar a su esposa como es. En definitiva, diga a su esposa lo que opina sobre ciertos comportamientos; sin embargo, no puede obligarla a cambiarlos, de la misma manera que ella no puede forzarlo a usted.

Cuando su esposa le pida su opinión sobre algo relacionado con ella, recuerde que en ocasiones, una mentira dulce lo llevará mucho más lejos que una respuesta directa "útil".

Siempre me molesta debido al trabajo de la casa

Vamos a enfrentarlo, las mujeres trabajan mucho más en la casa que los hombres, incluso cuando trabajan la misma cantidad de horas fuera del hogar. Por lo tanto, a no ser que su hogar sea diferente, su esposa lo molesta porque usted no cumple con su parte.

Muchos hombres aceptan al principio que es justo que ellos compartan el trabajo de la casa, pero en el fondo, no opinan igual. Por lo tanto, utilizan la adulación y la manipulación, algo parecido a: "No sé cómo trapear tan bien como tú", "Eres mejor ama de casa que mi madre" o "Tienes una apariencia en verdad seductora empujando la aspiradora".

Si su esposa adivinó sus tácticas, usted tendrá que cambiar su estrategia. Si todavía espera evitar a toda costa el trabajo de la casa, puede sugerir que contraten a una persona que se encargue de la limpieza. También puede ofrecer hacer otras cosas en la casa, como trabajos de carpintería, compras de comestibles o cocinar.

Si su esposa está decidida a que comparta el trabajo de la casa, la presión no va a disminuir. En realidad, a medida que transcurran los años, podría aumentar. Incluso si su esposa no se queja mucho, puede apostar que alberga resentimiento por tener que hacer la mayor parte del trabajo y cobrará por eso en algún otro aspecto de la relación. Por este motivo, aunque usted todavía tiene la posibilidad de cierto control, sugiero que tome al toro por los cuernos; siéntese a charlar con su esposa, con una lista de sus tareas preferidas.

Si continúa evitando su parte del trabajo en la casa y su esposa continúa insistiendo, lo que tienen en las manos es una lucha de poder que influirá en todos los aspectos de su relación. Por ejemplo, su esposa podría negarse a tener sexo con usted y usted podría negarle su afecto. Tal vez, ella formará una alianza con los niños contra usted y, a su vez, usted permanecerá fuera de casa hasta tarde con los amigos, cada vez que ella se queje en relación con el trabajo. Resuelva la situación aceptando la responsabilidad de su parte del trabajo de la casa. Sé que es posible que logre hacer menos, pero recuerde que es una *sociedad* matrimonial, no una relación de padre-hijo.

Algunas esposas se quejan continuamente porque sus esposos se niegan a compartir los quehaceres de la casa; sin embargo, sabotean los esfuerzos de sus maridos para hacerlo. Por ejemplo, si aspira la alfombra como lo pidió su esposa y ella se queja de que no lo hizo bien, lo vuelve a hacer o pregunta: "¿Aspiraste?", es probable que usted no vuelva a aspirar muy pronto.

Si usted decide acceder y hacer su parte, dígale a su esposa que lo hará a su manera y que no aprecia que lo critique. Esto no significa que cuando lave los platos deje partículas de comida en ellos. Esto podría significar que el piso no esté perfectamente bien encerado, como cuando lo encera su esposa.

¿El síndrome premenstrual de nuevo?

A pesar de que se especula que los hombres tienen también ciclos mensuales (y que algunas esposas contarían gustosas algunas anécdotas como evidencia), todos sabemos que algunas mujeres tienen cambios importantes de estado de ánimo dependiendo de la fecha de su ciclo mensual. Cada mujer trata estos cambios hormonales a su propia manera. Por ejemplo, algunas mujeres no tienen problema para decir que están de mal humor debido al síndrome premenstrual y otras niegan cualquier sugerencia de que lo viven en ese momento.

Si su esposa se enfada por todo o si solloza sin poder controlarse al escuchar los comerciales del teléfono en la televisión y usted sugiere que quizá se encuentre en esa etapa del mes, en lugar de sentirse comprendida, su esposa podría sentirse menospreciada. La intensidad de sus sentimientos parece tan fundamental, que podría tener dificultad al "negarlos" diciendo, "Son sólo las hormonas". Ella también podría creer que si usted piensa que su estado de ánimo es hormonal, no reconocerá sus sentimientos y no les prestará atención. Sus preocupaciones se agravan si usted tiene la tendencia de atribuir los cambios normales y comunes al síndrome premenstrual ("¡Oh! ¿De nuevo ese momento del mes?") Si usted reacciona de esa manera, no se sorprenda si ella se enfada. Enfréntelo, hacer eso no resulta agradable.

Si vive con una mujer que no reconoce su síndrome premenstrual como lo que es, quizá usted finja que tampoco lo nota o guarde en secreto un calendario pequeño para saber cuándo se presentarán los días malos. ¿Desea que ella simplemente diga: "Tengo el síndrome premenstrual?" En ese caso, dígaselo. Dígale que sus cambios de humor también resultan difíciles para usted. Diga esto con franqueza, no con enfado.

Es probable que su esposa elija la dirección opuesta y le diga de manera constante que tiene el síndrome premenstrual. Cuando están a mitad de una buena discusión, resulta enfadoso e injusto si de pronto ella empieza a llorar y dice: "No es un buen momento del mes para mí".

Si piensa que su esposa utiliza el síndrome premenstrual para disculpar su comportamiento o para tratar de no hacer ciertas cosas, dígaselo. Comente: "Deseo que no hagas ciertas cosas debido al síndrome premenstrual, pero lo utilizas como una excusa, cada vez que tenemos un desacuerdo y no te gusta lo que tengo que decir".

Todos tenemos cambios de humor; algunas personas, más que otras. La mayoría de los maridos y esposas aprenden a soportar el estado de ánimo de su pareja. Es posible que en lugar de experimentar el síndrome premenstrual, su esposa sólo sea una mujer malhumorada. Resultará mucho más sencillo soportar los cambios de humor de su esposa, si trata de hacer lo siguiente:

- No se culpe por el mal humor de ella.
- No se responsabilice de cambiar su estado de ánimo.
- No permita que su mal humor lo desanime.
- No inicie una discusión.

Si le demuestra apoyo y continúa con su vida, su esposa estará en libertad para soportar su mal humor sin enfrentar más problemas con usted, incluyendo tener que sentirse culpable por arruinarle el día o la vida.

Algunas personas manipulan con sus estados de ánimo. Si su esposa se enfada, se aparta o golpea los platos para que usted acepte algo, sólo existe una manera de cambiar dicho comportamiento: no ceda. Por ejemplo, si dijo que no puede ausentarse durante la semana, debido a que tiene mucho trabajo y ella se enfada, puede indicárselo y decirle que no le agrada o pasarlo por alto. No obstante, no ceda. Continúe con sus asuntos; si ella desea atraer su atención, tendrá que decirle cómo se siente.

El síndrome premenstrual o el mal humor nunca son excusa para un comportamiento abusivo. Si su esposa critica a su hija ("Eres muy mandona. Por eso no tienes amigos") o a usted ("Ése fue un comentario tonto"), dígale que eso es inaceptable: "Necesitas encontrar otra forma de manejar tus sentimientos, que no sea descargándolos en tu familia".

Siempre me dice lo que debo y no debo hacer

En ocasiones, los hombres se sorprenden por la tenacidad de sus esposas al tratar de cambiar su comportamiento. Es probable que a pesar de que usted no muestra señales de haber cambiado como resultado de las quejas de ella, su esposa todavía nota con todo detalle lo que usted hizo (comió o bebió demasiado, eructó frente a su madre o hizo comentarios insensibles en el curso de una hora) y después le dice que debe cambiar. En ocasiones, usted piensa que lo trata como a un niño y no como a un marido.

¿La alienta usted? ¿Permite que le compre vitaminas y que le recuerde tomarlas, que haga su cita anual con el médico

75

y que se responsabilice de cocinar comidas sanas? En ese
caso, no se sorprenda cuando ella le diga que tres donas no
son un desayuno saludable, que tres copas son suficientes
o que por favor no hable con la boca llena.

Si acepta y disfruta que su esposa lo trate como si fuera
su madre, entonces, tiene que responsabilizarse de su predica-
mento. No obstante, si no solicita ni aprecia los cuidados de
su esposa, la próxima vez que ella mencione las donas, usted
comente: ''Ya escuché lo que tienes que decir sobre las donas.
No necesito más información''.

Los hombres no tratan de cambiar a sus esposas tanto
como las mujeres intentan cambiar a sus maridos. Esto está
relacionado con el hecho de que las mujeres sienten que
tienen que moldear a las personas que están a su alrededor. Si
su esposa se molesta por sus modales en la mesa, haga un
esfuerzo por calmarla cuando salen juntos. Incluso si piensa
que es algo tonto, si su esposa se preocupa porque golpea la
cuchara sopera contra los dientes, trate de no hacerlo. Sin
embargo, puede ser específico acerca de cuándo y dónde está
bien que su esposa le diga lo que le molesta. Por ejemplo,
podría decirle que es totalmente inaceptable que ella diga algo
frente a otras personas o que usted preferiría que lo dejara en
paz cuando está pasando un tiempo muy agradable y las personas disfrutan su compañía. El punto es que está abierto para
escuchar las preocupaciones de su esposa, incluso que desea
ajustar su comportamiento para que ella se sienta más confortable, pero que ella tiene que respetar sus límites.

De cualquier manera, si siente que su esposa intenta cambiarlo
en una forma que usted no desea cambiar, fije el límite. No desa-
tienda sus quejas ni acepte que cambiará un comportamiento
que no tiene intención de cambiar. Sea directo y diga: ''Sé que no
te gusta que salga con mis antiguos compañeros de la fraterni-
dad, pero sólo los veo dos veces al año. Eso no cambiará. Si te
resulta incómodo, comprenderé si no deseas acompañarme''.

Si su esposa lo molesta por algo que usted ha pensado cambiar, no ponga resistencia sólo porque no quiere hacer lo que *ella* desea que haga. Pídale que se aparte. Dígale que de ninguna manera dejará de beber, comer demasiado o hablar con la boca llena mientras ella se queje o lo moleste, pues sólo es naturaleza humana. No le diga que al molestarlo desea comer una barra de Hershey frente a ella. Diga: "Mientras más me molestas, es menos probable que cambie".

Una vez que ella no insista, dése a sí mismo un tiempo razonable, decida qué es lo que desea hacer e informe su decisión a su esposa. Comuníquele si decide seguir una dieta, dejar de beber, o fumar, o empezar a correr por las mañanas. También dígale qué tanto desea que ella se involucre, si espera que lo haga.

Si usted y su esposa continúan discutiendo por el mismo motivo sin resolución, existe la probabilidad de que en realidad esto no sea por qué tanto come, bebe o eructa, sino por algún otro motivo. Supongo que usted y ella están enfocando un asunto particular y dan rodeos una y otra vez, para poder evitar tener una verdadera discusión.

Muchas parejas temen una riña declarada. Puede discutir por siempre, sin hablar sobre sus sentimientos, pero cuando riñe, expresa lo que siente y su esposa dice a su vez lo que ella siente, lo cual a menudo resulta bastante atemorizante. Es difícil hablar sobre sentimientos heridos, desilusiones e ira. Sin embargo, el poder hablar sobre sus sentimientos es esencial para la salud de su relación.

Tal vez, usted y su esposa tuvieron algunas riñas y en la actualidad las evitan, ya que quedaron sin control debido a que gritaron, dieron portazos o dijeron cosas que ambos lamentan. El sostener una riña productiva es un asunto por completo diferente: el objetivo no es herirse mutuamente, sino escuchar lo que su pareja tiene que decir, que lo escuchen y llegar a alguna *solución*. Una buena manera para empezar es fijar algunas reglas para reñir, antes de iniciar una riña. Por ejemplo, descarten los golpes, los gritos, los insultos y otras formas de abuso. Su esposa podría pedir que no guarde resentimiento después de la riña y usted podría solicitar que ella no le deje de hablar cuando escuche algo que no le guste.

Éstas son algunas sugerencias para ayudarlo a lograr los objetivos verdaderos:

● Empiece sus frases con "Yo". Por ejemplo, diga: "Yo me siento herido cuando me pasas por alto y hablas con los niños", o "Yo siento enfado cuando haces comentarios sarcásticos en relación a mi manera de comer frente a nuestros amigos".
● Apéguese al tema. No se salga por la tangente y no permita tampoco que su esposa lo haga. Diga: "Vamos a apegarnos al tema. En otro momento podremos hablar sobre el trabajo de la casa".
● Evite palabras tales como "siempre" o "nunca".
● Dígale lo que desea que suceda. Haga que esto sea algo que su esposa tenga la capacidad de hacer. De otra manera, la discusión no resultará productiva. Diga: "Me gustaría que dejaras de hacer comentarios sobre mis hábitos de comer frente a nuestros amigos", o "Deseo que prestes atención a mis sentimientos, así como a los de los niños".
● No castigue a su esposa por sus sentimientos. En ocasiones, lo que ella tiene que decir resultará hiriente, aunque verdadero. Escuchar y desear cambiar es el objetivo de una relación sana y del desarrollo personal.

No deseo asistir a otra obra de vanguardia ni a otra boda

Es un misterio: la mayoría de los compositores, directores y músicos son hombres; no obstante, son las mujeres quienes llevan a los hombres a escuchar una sinfonía. No lo comprendo, pero lo mismo sucede con los museos, galerías de arte y las obras de vanguardia.

Tal vez, cuando estuvieron juntos al principio, no decía que no quería asistir a una obra de vanguardia y, a su vez, su futura esposa asistió a algunos partidos de fútbol. No obstante, a medida que su relación madura y se sienten más seguros uno del otro, es inevitable que ya no sientan la necesidad de compartir todos sus intereses. Después de todo, no son hermanos siameses.

Si su esposa asistió a conciertos y obras en compañía de amistades, antes de que se casaran, anímela para que conserve dichos amigos. Una vez que le informe que no le importa si sale con amigos a eventos que en particular usted no disfruta, ella podría sentirse con mayor libertad para hacer planes sin usted.

Si su esposa nunca se sintió cómoda saliendo sola y ahora se siente feliz porque al fin tiene un compañero para ir a todos los sitios que anhelaba, anímela para que aprenda a hacer las cosas sola o a que haga algunas amistades nuevas. Dígale que se siente muy feliz al acompañarla a algunos eventos, pero que no a todos los que ella desearía.

Sea benévolo y asista a los eventos en los que su esposa tiene un interés particular y que en verdad desea compartir con usted. Pídale que elija los diez eventos principales para ella en el año y asista a estos.

Si no tiene interés en otro rodeo fuera de la ciudad, dígalo y sugiera una alternativa. ''¿Qué tal un fin de semana en Palm Springs, en lugar de eso?''

Esto nos lleva a otro tema: las reuniones familiares. Sé que en ocasiones las reuniones familiares se asemejan a obras de vanguardia; sin embargo, es su familia o la de su esposa. Quizá, es la fiesta de cumpleaños del mejor amigo de su hijo. A pesar de todo, muchos hombres parecen tener alergia a esta clase de eventos y, con frecuencia, llegan a extremos para escapar de esto. No obstante, su esposa siente que es *responsabilidad* suya hacer lo que es correcto, por lo que lo presionará para que asista.

Si en verdad está decidido a asistir al menor número posible de eventos y mantener aún intactos su matrimonio, familia y familia política, pida a su esposa que le indique cuáles son los eventos más importantes y asista a éstos.

Para reconciliar intereses, hará su mejor esfuerzo para asistir a eventos. A pesar de esto, si es muy fuerte su deseo de no asistir a la boda del primo segundo de su madre o de asistir a la inauguración de una nueva galería, entonces, es en realidad su decisión, en particular, si no asistió a esta clase de eventos antes de casarse. Explique sus sentimientos a su esposa. Asegúrese de que comprenda que esto no tiene nada que ver con ella. Asimismo, dígale que acepta toda la responsabilidad de su comportamiento; en otras palabras, ella no tiene que sentirse avergonzada ni disculparlo cuando asista a la boda o a la ceremonia del mitzvah. Diga: "Si alguien pregunta, dile que no asisto a bodas. Si quiere saber por qué no, sugiere que hable conmigo".

Dice que doy conferencias y yo digo que habla demasiado sobre cosas superficiales

En casa, la mayoría de las mujeres hablan más que los hombres. Cuando su esposa habla con usted, es probable que desee iniciar alguna discusión sobre una persona en particular, sentimiento o aspecto de su relación. Podría desear sólo "discutir algo", lo que significa que desea que la escuche.

Algunas veces, las mujeres parecen hablar sobre nada. Sin embargo, su esposa se siente más unida a usted cuando le cuenta lo que dijo la prima de su amiga, la apariencia que tenía la vendedora afuera del banco o cuántos coches había en la autopista. Para usted no es necesario charlar sobre detalles; en realidad, es probable que ni siquiera habría notado lo que su esposa ve en el mundo.

Es factible que usted tenga tendencia a dar discursos. Con esto quiero decir que es probable que elija un tema y lo exponga. Si su esposa menciona algo que escuchó en las noticias, con seguridad desea discutirlo. Ella podría sorprenderse cuando usted aprovecha la oportunidad para explicarle con exactitud cómo funciona la oficina postal del senado, el significado histórico del documento Brady o por qué los demócratas merecen ser etiquetados como liberales tributarios y gastadores.

En respuesta, un amigo podría debatirlo sobre el tema o cambiar dicho tema. Con seguridad, él no se sentiría insultado ni pensaría que escucha un discurso, pero es probable que su esposa sí lo piense. Usted siente que sólo trata de dar interés a la charla y que si no lo hace, no tiene objeto hablar.

Ni usted ni su esposa tienen razón, ni están en un error. Éstas son diferencias básicas en el estilo de conversar, mas pueden interponerse al tratar de sostener una conversación que ambos disfruten. Por ejemplo, usted y su esposa quizá eviten ciertos temas en la actualidad, porque saben que es probable que la charla termine al decir: ''Me estás dando un discurso'' o ''Esta charla no nos lleva a ninguna parte''.

¿Qué puede hacer para evitar este problema? Puede animar a su esposa para que sea más vehemente en sus conversaciones y usted puede aprender a ser más reflexivo. Por ejemplo, si su esposa menciona un conflicto que ocurrió en el trabajo, entre ella y su jefe, en lugar de hablar sobre las relaciones de los empleados en general, pregúntele su opinión sobre el conflicto. Diga: ''¿Qué opinas sobre el desacuerdo, ahora que terminó?''

Trate de elegir una respuesta apropiada. Por ejemplo, si su esposa se siente mal debido a una riña que tuvo con su madre, es probable que no sea un buen momento para decirle su opinión sobre la dinámica de su familia. Desde su punto de vista, esa clase de opinión sería de ayuda; no obstante, ella preferiría que la apoyara y escuchara lo que siente.

Cuando cuenta a su esposa algo que sucedió en el trabajo y ella ofrece apoyo, puede decirle que aprecia dicho apoyo, pero que también le gustaría que hiciera el papel de abogado del diablo y discutiera la otra parte. Dígale que busca soluciones y que si ella puede desafiar su modo de razonar, eso lo ayudará a encontrar la mejor solución.

Los dos tipos de comunicación son útiles. Los hombres y las mujeres tienden a quedar atrapados en uno o el otro. El practicar con su esposa y el hecho de que ella practique con usted, permitirá que ambos desarrollen una variedad de habilidades para conversar.

Bibliografía

Allman, William F. Julio de 1993. "The mating game". *U.S. News and World Report.*

Anderson, Joan Wester. Junio 8 de 1993. "Partners in grime". *Woman's Day.*

Baruch, G., y R. Barnett. 1986. "Role quality, multiple role involvement, and psychological well-being in midlife women". *Journal of Personality and Social Psychology 51: 578-585.*

Coverman, S. 1989. "Women's work is never done: the division of domestic labor". En Women: *A feminist perspective*, ed. Jo Freeman, Mountain View, Ca.: Mayfield.

Eisler, Riane. 1987. *The chalice and the blade: Our history, our future.* Cambridge, Mass.: Harper & Row.

Gibbs, Nancy R. Junio 28 de 1993. "Bringing up father". *Time.*

Gray, John. 1993. *Men are from Mars, women are from Venus*. Nueva York: HarperCollins Publishers.

Hochschild, Arlie y Anne Machung. 1989. *The second shift: working parents and the revolution at home*. Nueva York: Viking.

Klagsbrun, Francine. 1985. *Married people: Staying together in the age of divorce*. Nueva York: Bantam Books.

LaRouche, Janice y Regina Ryan. 1984. *Janice Larouche's strategies for women at work*. Nueva York: Avon Books.

Lerner, Harriet Goldhor. 1985. *The dance of anger: a woman's guide to changing the patterns of intimate relationships*. Nueva York: Harper & Row.

Meyer, Patricia H. 1980. "Between families: The unattached young adult". En *The family life cycle: A framework for family therapy*, ed. Elizabeth A. Carter y Monica McColdrick. Nueva York: Gardner Press, Inc.

Millman, Marcia. 1991. *Warm hearts and cold cash: The intimate dynamics of families and money*. Nueva York: New York Free Press.

Minuchin, Salvador y H. Charles Fishman. 1981. *Family therapy tecniques*. Cambridge, Mass.: Harvard University Press.

Pleck, J. H. 1983. "Husband paid work and family roles: Current research issues". En *Jobs and families*, ed. Helena Lopata y Joseph H. Pleck. Current Research on Occupations and Professions Serial, vol. 3. Greenwich: Jai Press.

Reinisch, June M. 1990. *The Kinsey Institute new report on sex*. Nueva York: St. Martin's Press.

Scarf, Maggie. 1987. *Intimate partners: Patterns in love and marriage*. Nueva York: Ballantine Books.

Schor, Juliet. 1991. *The overworked American:* The unexpected decline of leisure. Nueva York: Basic Books.

Tannen, Deborah. 1990. *You just don't understand: Women and men in conversation.* Nueva York: Ballantine Books.

Tavris, Carol. 1989. *Anger: The misunderstood emotion.* Nueva York: Simon & Schuster/Touchstone.

Cómo hablar con su
Esposo

Patti McDermott

Cómo hablar con su
Esposo

EDIVISION
COMPAÑIA EDITORIAL, S.A.
MEXICO

1a. Edición, Noviembre de 1996
9a. Impresión Mayo del 2001

ISBN 968-890-165-2

DERECHOS RESERVADOS
©

Título original: HOW TO TALK TO YOUR HUSBAND/HOW TO
TALK TO YOUR WIFE

Traducción: Ma. de la Luz Broissin

Copyright © 1994 by Patti McDermott. Publicado con el acuerdo de
Lennart Sane Agency AB.

Copyright © 1996 Coedición: Editorial Diana, S.A. de C.V. —
Edivisión Compañía Editorial, S.A. de C.V.
— Roberto Gayol 1219, Colonia Del Valle,
México, D.F., C.P. 03100

IMPRESO EN MÉXICO – PRINTED IN MEXICO

A mi marido, George Boroczi,
que sigue hablando y escuchando
después de todos estos años.

Contenido

Agradecimientos

Deseo dar las gracias a todos mis clientes, pasados y actuales, por compartir conmigo los problemas de sus relaciones.

También deseo mostrar mi agradecimiento a mis agentes, Betsy Amster y Angela Miller, por creer en mí. Además de ser mi agente, Betsy ha sido mi editora, mi apoyo y mi animadora en varias ocasiones. Es una magnífica amiga. La exhortación inicial de Betsy fue también lo que me impulsó a escribir este libro.

Estoy agradecida con mi editor en Contemporary, Gene Brissie, por confiar en mi visión de este libro y por darme libertad para desarrollar mis ideas. También deseo dar las gracias a Elena Anton Delaney por hacer un buen trabajo al revisar el manuscrito.

Mi hermana, Joanne Fahnestock, me apoyó con entusiasmo mientras escribía este libro, como lo ha hecho con todo en mi vida. Susan Cox compartió conmigo algunas ideas interesantes acerca de las relaciones. Annette DiSano me escuchó e hizo sugerencias durante nuestras largas caminatas con los

niños. Beverly Engel proporcionó información útil después de leer algunas partes del libro. Durante nuestros desayunos mensuales, Alan Fox escuchó mis informes sobre el progreso del libro y ofreció sus ideas y estímulo a lo largo del camino.

Doy también las gracias a Kenna Crabtree por responder con paciencia mis preguntas sin fin acerca de las computadoras.

Por último, deseo expresar mi aprecio y amor a mi marido, George Boroczi, a quien dedico este libro, y a mis hijos, Scott, Kim, Dylan y Kyle. En verdad soy afortunada por tener una familia extraordinaria.

Prólogo

Parte de mi trabajo más importante como terapista de parejas es el actuar como intérprete. Sin importar el motivo que lleva a una pareja a la terapia (argumentos sobre el sexo, intimidad, niños, dinero), casi siempre la comunicación es la causa del problema.

A pesar de que usted y su esposo utilizan las mismas palabras, con frecuencia puede parecer como si hablaran un idioma diferente. Pregunte a su marido la definición del término *quehaceres domésticos compartidos* y comprenderá a lo que me refiero. Lo mismo sucede con el término *actividad durante el tiempo libre.* Apuesto que la actividad de su esposo durante el tiempo libre es mirar la televisión o practicar algún deporte. Para usted, es probable que el término signifique llevar a cabo actividades con su familia, leer un libro o hacer los quehaceres de la casa.

Incluso si usted y su esposo son la pareja más liberada en el planeta, es probable que hablen un idioma diferente. Esto se debe a que nuestra sociedad todavía clasifica a las personas

de acuerdo con su género y, en nuestra cultura, los hombres y las mujeres aprenden formas diferentes de comunicación. En general, las mujeres a menudo hablan para acercarse y sentirse vinculadas, mientras que los hombres con frecuencia hablan para afirmar opiniones o para dar información. La mayoría de los hombres todavía no divulgan sus sentimientos o pensamientos de la misma manera como lo hacen las mujeres.

Por ejemplo, cuando su esposo dice: "Deseo estar a solas", por lo general quiere decir simplemente eso y no aprecia que lo abrume con preguntas tales como: "¿Qué sucede? ¿Estás enfadado? ¿Hablarás conmigo?" Si usted dice: "Deseo estar a solas", quiere decir "Búscame con afán", porque se siente herida o que no la toman en cuenta. No obstante, su esposo no capta la sugerencia, porque piensa que usted quiere decir lo mismo que él desea expresar cuando dice "Deseo estar a solas". Por lo tanto, él responde "de acuerdo" y continúa mirando la televisión. (Un buen método práctico: no dé a su esposo sugerencias sutiles, pues no las captará o, si lo hace, es probable que las pase por alto.)

En la terapia, los esposos resisten inicialmente mis intentos por interpretar su plática, porque de una manera general, los hombres y las mujeres esperan que sus esposos hablen su idioma. Por ejemplo, una esposa que insista en que su marido hable más acerca de sus sentimientos podría decir: "¿Por qué te reprimes? Sé que hay sentimientos allí, en alguna parte". Su marido podría responder: "Ninguno que no pueda manejar. No necesito expresar todos mis sentimientos".

Cada esposo juzga al otro basándose en la suposición de que su lenguaje es el correcto. Ella pregunta: "¿Qué te sucede? ¿Por qué no hablas sobre tus sentimientos?" Él responde: "¿Qué te sucede? ¿Por qué hablas acerca de tus sentimientos?" En mi experiencia, los sentimientos de inseguridad están latentes detrás de toda acusación de que alguien está en

un error. Tengo eso en mente cuando expreso con otras palabras la conversación. Aliento a las parejas para que se *escuchen* mutuamente, en lugar de criticarse uno al otro y para que *escuchen* lo que su esposo dice desde la perspectiva de su pareja. Así es como traduciría su conversación:

La esposa: "¿Por qué te reprimes? Sé que hay sentimientos allí, en alguna parte".

Traducción: "Me preocupa que no me ames y que esté haciendo algo mal, porque no eres franco conmigo de la manera como deseo que lo seas".

Su esposo: "Ninguno que no pueda manejar. No necesito expresar todos mis sentimientos".

Traducción: "Temo ser franco, porque pensarás que soy débil y que no puedo solucionar mis propios problemas".

Cuando su marido parece indiferente, o callado o, se resiste a hablar con usted, sus sentimientos pueden sentirse heridos y quizá se pregunte qué es lo que está haciendo mal. Debido a la ira, el dolor o la frustración, es fácil caer en estereotipos y frases gastadas, en lugar de comprender que su esposo tiene un punto de vista válido, aunque *diferente*. Tal vez se sienta tentada a no darle importancia con frases tales como: "Él carece de emociones", o "No distinguiría un sentimiento, si éste se presentara y lo golpeara". Sin embargo, como este libro mostrará, su marido tiene muchos sentimientos y quizá se siente frustrado porque usted no lo comprende. Este libro la ayudará a conocer sus sentimientos, así como a respetar y apreciar las diferencias entre ustedes, en lugar de temer o desecharlas.

Apenas recientemente, las parejas han tratado de hablar entre sí y de trabajar para tener relaciones íntimas. En el pasado, el matrimonio era un contrato, principalmente para

tener hijos. Los esposos tenían papeles específicos y bien definidos. En la actualidad, todo eso ha cambiado y, por primera vez en nuestra historia cultural, los hombres y las mujeres desean lograr la cercanía con sus cónyuges. Es un cambio enorme y no resulta fácil. En realidad, como sociedad, no estamos preparados para esta clase de unión. Es difícil ser pioneros.

Si desea que su matrimonio sea una sociedad, recuerde que no se trata de que usted presione su agenda o de que su esposo presione la suya. Hablar acerca de lo que la preocupa, ya sea sexo, dinero, los niños o quién aspiró la alfombra la última vez, requiere de compromiso y negociación. Es probable que haya aprendido de su madre cómo hablar a su esposo. Mucho de lo que aprendió tendrá que olvidarlo, porque muy pocas personas entre nuestros padres conocían las artes de hablar y discutir *bien*.

Creo que si dice a su esposo lo que desea de *una manera que él pueda escuchar*, estará más que deseoso de hacer lo que le pide. No obstante, tiene que ser razonable sobre qué esperar de él. Por ejemplo, si no está acostumbrado a hablar sobre sus sentimientos, entonces, esperar que le hable de la misma manera en que usted hablaría a una amiga es irrazonable e injusto. Con frecuencia tengo que recordar a mis clientas que aunque durante toda una vida hayan compartido sentimientos, pensamientos y problemas, sus esposos han guardado para sí mismos sus pensamientos y sentimientos durante toda una vida.

Mi objetivo en la terapia de parejas es lograr que los esposos y esposas hablen y se escuchen mutuamente, que hagan preguntas y sondeen el razonamiento y sentimientos de su pareja. En otras palabras, que se conozcan mutuamente. Para mí, es una fuente constante de sorpresa que mujeres que han estado casadas durante años y que juran que conocen a sus maridos a fondo, en realidad no los conocen y los han clasifi-

cado como personas con pocas emociones, padres insensibles o maniáticos sexuales.

Puede aprender una manera más efectiva de hablar con su esposo. Al formular su conversación de tal manera que él escuche y comprenda, hará posible que le responda en la forma como a usted le gustaría. Cuando pueda hablar con su esposo de una manera franca, logrará conocerlo y él la conocerá.

Acerca del libro

Cómo hablar con su esposo/ Cómo hablar con su esposa está diseñado para proporcionarle las herramientas que necesitan para hablar entre sí. Les ayudará no sólo a lograr la comunicación, sino también a solucionar las diferencias personales de una manera práctica y hábil.

Los títulos de los capítulos son los mismos en las dos partes del libro y cubren lo que considero los principales puntos problema en el matrimonio: intimidad, niños, dinero, sexo y vida cotidiana. Dentro de cada capítulo incluyo varias de las quejas, preocupaciones y dificultades más comunes y proporciono varias formas alternativas para hablar sobre esos temas con su marido o para responder a sus discusiones con usted.

Intimidad

Los hombres y las mujeres desean relaciones íntimas. Sin embargo, la clase de intimidad de su marido puede ser diferente de la suya. Por ejemplo, él puede sentirse cerca de usted con el solo hecho de permanecer cerca, mirar la televisión juntos; en cambio, es más probable que usted desee conversar.

Es factible que su esposo no tenga la necesidad de hablar sobre sentimientos, pensamientos casuales, problemas, de la

manera en que usted lo hace para sentirse cerca. Debido a estas diferencias, las mujeres insisten con frecuencia en que los maridos hablen más acerca de los sentimientos, de lo que ellos expresan con comodidad. En el capítulo 1, "Intimidad", aprenderá a hablar con su esposo sobre sus sentimientos, de tal manera que él escuchará. También aprenderá a alentar a su marido para que le diga lo que le gustaría, para sentirse más cerca de usted.

Niños

Criar a los hijos puede ser una de las partes más alegres del matrimonio. También puede ser una de las más problemáticas. Criar a los hijos es como la religión y la política: todos tienen opiniones firmes al respecto y tienden a pensar que su manera es la correcta. Con frecuencia, los esposos no están de acuerdo acerca de qué tanta educación o disciplina debe tener un niño y sobre quién debe proporcionarlas. En el capítulo 2, "Niños", aprenderá a hablar con su esposo acerca de cómo compartir el trabajo de criar a los hijos y los problemas de disciplina contra la educación. Estudios recientes muestran que los hombres y las mujeres educan a sus hijos en forma diferente. Hablar acerca de sus diferencias de una manera madura y productiva es esencial para la salud de su relación.

Dinero

Por supuesto, está el dinero. Quién lo gana, lo ahorra o lo gasta y que es fuente de constantes riñas en muchos matrimonios. El dinero significa diferentes cosas para diferentes personas. Por ejemplo, para su esposo, cuánto dinero gana podría estar relacionado con sus sentimientos de autoestima. Para usted, el dinero podría representar seguridad, buenas escuelas

para los niños y algunas vacaciones placenteras. Si presiente que el ego de su marido está relacionado con el dinero, el hablar sobre esto podría resultar difícil. El capítulo 3, "Dinero", le indica cómo discutir este tema sensible y cómo expresar su punto de vista sin hacer que su marido se sienta a la defensiva o incómodo.

Sexo

La mayoría de las personas se sienten vulnerables respecto a su sexualidad. Los hombres y las mujeres pueden sentirse heridos por un comentario poco amable respecto a su desempeño o atractivo. Sin embargo, en ocasiones el sexo no está funcionando en forma adecuada. El capítulo 4, "Sexo", examina las formas de hablar acerca de temas tan sensibles como el desempeño sexual. Aprenderá nuevos métodos además del rutinario "Me duele la cabeza" o fingir estar dormida para decir a su marido "No", si no está de humor. ¡Sí!, puede encontrar las palabras para decirle con comodidad lo que le gusta y lo que no le agrada, así como cuándo.

Vida cotidiana

Junto con todos los problemas anteriores, usted y su esposo tienen que enfrentar simplemente el vivir juntos día con día. Los problemas menores que surgen todos los días adquieren mayor importancia si no los discuten. Muchas parejas pasan años de sus vidas viviendo en un mundo de baja tensión, debido a que las molestias cotidianas no son resueltas. Puesto que es probable que nunca haya aprendido cómo tener una buena pelea, quizá sienta que esta tensión es preferible a reñir con su esposo cuando él no cumple con hacer su parte de las tareas en la casa. Descubra en el capítulo 5, "Vida cotidiana",

cómo hablar sobre temas tales como quién hace el quehacer de la casa, cómo manejar los estados de ánimo y cómo no quedar atrapados siempre en los mismos viejos argumentos.

Cómo utilizar este libro

Puede utilizar este libro en alguna de estas formas: si se siente emprendedora, lea todo el libro (los dos lados) y después lea nuevamente un tema en particular cuando se le presente ese problema.

Si no tiene tiempo suficiente, consulte un problema en particular y deje el resto del libro para más tarde. Por ejemplo, si tiene dificultad para lograr que su esposo pase tiempo con los niños o si desea que comparta más trabajo en la casa, consulte directamente la página 20, "No pasa suficiente tiempo con los niños", o la página 74, "hago la mayor parte del trabajo". También, lea el capítulo correspondiente en la parte del libro dedicada a su esposo para tener noción de lo que él puede estar experimentando.

Aspecto general

Aprender formas productivas para hablar con su esposo le ayudará en *todas* sus relaciones. Por ejemplo, puede aprender de su esposo cómo encauzar más discusiones orientadas a una solución o cómo ser más directa en ciertas situaciones.

Usted y su esposo son parte de una revolución. Por primera vez, los hombres y las mujeres luchan por conocerse mutuamente en formas que nunca antes lo hicieron. Al mismo tiempo, los dos sexos se sienten con mayor libertad para expresar todas las partes de sí mismos y se niegan a limitarse a respuestas y papeles "masculinos" y "femeninos". *Cómo hablar con su esposo/Cómo* hablar con su esposa ayudará a usted y a su marido a lograr la cercanía y compañerismo que desean.

Primer punto problema:
Intimidad

Para muchas mujeres, la intimidad es hablar. Cuando habla con su esposo acerca de su día, los niños, el trabajo o lo que le sucedió al gato de su vecino, se siente cerca de él. Si su esposo le presta toda su atención, escucha lo que tiene que decir y responde con algunas experiencias propias, usted se siente feliz. La intimidad es vincular y compartir sentimientos, ideas y afecto físico. Si tiene dificultades, desea que su esposo la conforte. De la misma manera, si él sufre, usted desea consolarlo. No sólo desea esta clase de intimidad, sino que es probable que crea que es esencial para una buena relación, y mientras más intimidad haya, mejor. Incluso, puede valuar su autoestima de acuerdo con qué tan íntima es su relación con su esposo. Si es así, quizá se sienta tentada a presionar a su marido para que le dé lo que desea o lo que piensa que se supone debe tener, en lugar de respetar su necesidad de espacio.

Hablar mucho puede tener en su esposo un efecto opuesto al que logra en usted. En otras palabras, para usted puede ser un afrodisiaco y para él algo que lo desanime. Sin importar

lo cerca que se sienta su esposo de usted, aun así protegerá su tiempo y espacio privados. A su esposo, al igual que a la mayoría de la gente, le gusta sentirse independiente y, en ocasiones, su necesidad de hablar puede parecerle a él una intromisión. Si su objetivo es obtener la mayor intimidad posible de su esposo, usted puede interpretar mal su patrón normal de intimidad seguido por un esfuerzo por conseguir independencia. Si interpreta mal su necesidad de espacio como una falta de amor hacia usted, puede mostrarse herida o enfadada y exigente. Incluso, puede sentirse fracasada y enojarse consigo misma, lo que es probable que la haga esforzarse más en su intento. Sin embargo, si lo único que busca su marido es un poco de tiempo a solas, entonces, estas reacciones suyas originarán seguramente el comportamiento que temió al principio: que él se aparte.

Los hombres ven con frecuencia la necesidad de intimidad como "algo femenino" y algo que debe mantenerse bajo control. Cuando presiona a su esposo para que hable, comparta sentimientos o la mime, él puede sentirse abrumado por lo que ve como su necesidad. La solución es apartarse un poco. Permita que él se le acerque, incluso si tiene que esperar más tiempo del que resulta conveniente para usted.

Muchos hombres no buscan de inmediato a otras personas para sentir cercanía o confort; la tendencia de un hombre es soportar la situación solo. A los hombres se les enseñó a depender de sí mismos, por lo que sus necesidades de intimidad son con frecuencia diferentes de las suyas. Cuando pide a su esposo que hable sobre sus sentimientos, dicha petición puede ser recibida con una mezcla de confusión y resentimiento o un simple "Todo está bien". Si lo presiona más, quizá decida que no puede satisfacerla, porque desea de él algo que no comprende o que no le resulta natural.

Si le preocupa estar haciendo algo mal, porque su esposo no se muestra con usted tan íntimo como piensa que debería

ser, es un buen momento para observar las diferencias en sus *zonas de confort;* esto es, qué tanto contacto y conversación desea tener cada uno de ustedes con otras personas. Una buena manera para hacer esto es observar a sus amistades y a las de su esposo. La amistad entre mujeres por lo general incluye compartir confidencias y proporcionar apoyo mutuo al hablar y escuchar, quizá con algunos abrazos. Las amistades íntimas entre hombres con frecuencia se centran alrededor de practicar o mirar deportes o jugar cartas u otros juegos, para lo que no es necesario hablar mucho o compartir sentimientos. No obstante, muchos hombres asegurarán que el sentarse al lado de un camarada para mirar cómo los *Lakers* masacran a los *Bulls,* resulta tan íntimo como las prolongadas charlas que sus esposas tienen con sus amigas ante la mesa de la cocina o por teléfono.

Con frecuencia, los hombres no vinculan sus sentimientos de autoestima con establecer relaciones íntimas de la manera que lo hacen las mujeres. En realidad, algunos hombres se esfuerzan por dar la apariencia de que no establecen una buena relación con sus esposas. Usted y sus amigas pueden admirar o envidiar a una mujer que tiene una relación íntima con su esposo. Para usted, ella tiene éxito. Por otra parte, los hombres ven con sospecha la intimidad y bromean entre sí sobre esto. Si un hombre tiene una relación íntima con su esposa, no es probable que la discuta con sus amigos, como lo hace su esposa.

Muchos hombres separan el sexo de la intimidad, lo que en realidad enfurece a las mujeres en sus vidas. Para la mayoría de las mujeres resulta difícil tener sexo sin intimidad. Sin embargo, los hombres pueden tener sexo sin vincular sentimientos de intimidad. Por este motivo, los hombres afirman con mucha frecuencia que un encuentro sexual casual no significa nada, una aseveración que las mujeres simplemente no creen. Si usted y su esposo ven el sexo y la intimidad en

forma diferente, con frecuencia pueden no comprenderse. ¿Su esposo desea tener sexo después de una discusión? Para él, el sexo es una forma perfecta de disculpa. Para usted, el sexo es algo que sucede *después* de que se disculpó; por lo tanto, interpreta que su acercamiento sexual significa que no da importancia a sus sentimientos.

El esforzarse para lograr una mayor intimidad con su esposo significa expresar lo que necesita de una manera que él pueda escuchar y también comprender, respetando su punto de vista. Como su ego está involucrado, tendrá que estar alerta ante sus sentimientos de pánico, falta de valía y fracaso, si no logra lo que usted considera que es una relación íntima.

En mi libro, mirar juntos un partido de futbol no se considera intimidad

No deseche con tanta rapidez la clase de intimidad de su esposo. Sí, es diferente de la suya; no obstante, si espera que él le dé lo que necesita, también debe desear ver que las necesidades de él sean válidas de igual manera.

Algunos de los momentos más memorables que su esposo ha vivido pueden haber ocurrido frente al televisor, junto con un grupo de amigos, mirando un fabuloso partido decisivo o final. Los hombres se vinculan con equipos de una manera que la mayoría de las mujeres no lo hacen. Se identifican con los jugadores y los entrenadores. Vociferan durante los juegos, gritan sus frustraciones y critican sin piedad. Los hombres se exaltan cuando su equipo favorito gana y se deprimen cuando pierde. Si puede hablar de deportes con su marido, será parte de su experiencia y él se sentirá más cerca de usted.

Intente sentarse con él de vez en cuando a ver un partido de tenis, basquetbol o futbol. Una vez que comprenda lo que

está sucediendo, podrá disfrutarlo en realidad. Los dos pueden elegir equipos opuestos y apostar en contra del otro. El que gane pagará al otro una cena (aquí es donde satisface sus necesidades). También pueden elegir el mismo equipo y regocijarse (o deprimirse) juntos.

Si no desea tomar parte, apártese y permita que su esposo se divierta. No estropee su placer molestándolo ("Ves a tus amigos más que a mí"), compitiendo para obtener su atención ("No estoy golpeando los platos, estoy limpiando las alacenas") o mostrándose sarcástica ("Cuando encuentres el cromosoma que te falta, no estarás tan obsesionado con los deportes").

Ninguno de estos comportamientos le proporcionará lo que desea. Su esposo se irá a otra parte de la casa o a la casa de otra persona a ver los deportes. Si en verdad exagera su culpa y logra que se sienta culpable, apagará el televisor; sin embargo, sentirá resentimiento por esto y se apartará de usted en otras formas.

Si su esposo observa más deportes que el hombre promedio (más de una noche a la semana o el sábado y el domingo, por ejemplo) usted podría hacer una o más de las siguientes sugerencias:

● Sugiera una caminata, un desayuno o una cena temprana para ustedes dos antes de que empiece el juego.
● Haga planes para estar con una amiga durante el juego. Salga a caminar, de compras o a almorzar.
● Discuta un compromiso con su esposo. Por ejemplo, pídale que elija una o dos noches para que los dos las pasen juntos. De esta manera, él puede examinar el horario de los deportes y tomar algunas decisiones respecto a qué juegos son más importantes.
● Sea positiva y optimista cuando hable con su esposo y no desapruebe ni se muestre resentida.

Él escucha mis sentimientos, pero no comparte conmigo los suyos

Es probable que su esposo esté perfectamente dispuesto a escucharla, porque interpreta su deseo de hablar como prueba de que lo necesita. Incluso, podría sentirse satisfecho de poder ser fuerte para usted. No obstante, para compartir sus sentimientos, él debe ser vulnerable, una característica que muchos hombres no asocian con la masculinidad. El ser vulnerable es lo opuesto a lo que él piensa que usted le pide. Cuando le pide que escuche, él piensa que desea que le resuelva su problema o que sea fuerte por usted.

Examinemos de nuevo la amistad entre hombres. A diferencia de las mujeres, la mayoría de los hombres no hablan en forma tan abierta acerca de sus sentimientos con sus amigos. Si un hombre discute con un amigo sus sentimientos o un problema que tiene en casa, es probable que los dos hombres se sientan incómodos. Para ellos, es evidente que él no puede solucionarlo por sí mismo, pues de lo contrario, no hablaría sobre dicho problema. El ser incapaz de resolver los problemas propios es un signo de debilidad para la mayoría de los hombres. Por lo tanto, es probable que la respuesta de un buen amigo sería algo como "Tú puedes solucionarlo" o "Parece que eso está bajo control" y, en seguida, alguno de ellos cambiaría el tema. Esta respuesta permite a su esposo evitar la sensación de "fracaso" que siente cuando habla sobre un problema.

Cuando su esposo no comparta sus sentimientos con usted, trate de no tomarlo en forma personal. Recuerde que compartir sus sentimientos no resulta tan fácil para él como lo es para usted y que su esposo puede necesitar ayuda.

Si su esposo la escucha con interés, considérelo como un acto de amor. Le está dando su atención íntegra. Dígale que

aprecia que la escuche. Cuando termine de hablar, no diga "Entonces, ¿cómo te sientes?" Esto será una pregunta embarazosa para él y no sabrá cómo empezar. Ayúdelo, hágale preguntas. ¿Ha tenido una experiencia similar? ¿Alguna vez se ha sentido de la manera que usted acaba de describir? ¿Cómo reaccionaría en la misma situación?

Si él responde con un simple sí o no, entonces, insista. Diga:

- Oh, entonces, ¿sentiste de una manera similar a la mía? ¿También hirieron tus sentimientos?
- No resultas herido de la misma manera que yo. Supongo que somos diferentes en ese aspecto. ¿Por qué eso no te molesta demasiado?

La idea es repetir con un poco de variación lo que su esposo dijo y, en seguida, pedir más información. Esto se llama "audición reflexiva" y resulta efectiva en muchas situaciones.

Si está acostumbrada a los comentarios mutuos de la charla entre mujeres, la audición reflexiva puede parecer condescendiente o simplista, mas no lo es. Es una herramienta que los terapeutas, padres, parejas y amigos utilizan, por lo general con buenos resultados. Su esposo apreciará su ayuda y, con el tiempo, comentará sus sentimientos sin que se lo sugiera.

Si todavía se muestra renuente a compartir sus sentimientos con usted, considere si lo está desconcertando de alguna manera. Cuando no actúa de acuerdo con lo que usted solicita o si responde con un simple sí o no, ¿usted levanta las manos y se aleja? ¿Le dice que no la ama o que es torpe? ¿Se siente herida y hace pucheros? ¿Lo acusa de falta de comunicación?

En cambio, diga algo como:

● Me gustaría escuchar lo que sientes, cuando estés listo.
● Cuando no me dices lo que sientes, pienso que hay algo mal en mí. ¿Algo de lo que hago te hace sentir incómodo?

En seguida, escuche lo que tenga que decirle. Cuando su esposo comparta sus sentimientos con usted, sin importar lo insignificantes que sean, no lo critique, menosprecie ni aparte. Con frecuencia, los hombres sienten que están en desventaja cuando se trata de hablar acerca de los sentimientos; las mujeres lo hacen tan bien y con tanta facilidad, que les puede resultar intimidante. Una buena manera de asegurar que su esposo no tiene la impresión de que hay una forma correcta para expresar los sentimientos es aceptar sus sentimientos de cualquier manera que emerjan.

Cuando hablo acerca de mis sentimientos, me critica por estar demasiado necesitada

En lugar de escuchar, ¿su marido se enfada y la critica? ¿Dice algo como "¿No puedes encargarte de eso?" O "¿Por qué tienes que comunicarme todas esas pequeñeces?" ¿Alguna vez ha salido de la habitación diciendo "¿Qué es lo que quieres de mí?"

Si esto sucede en su casa, es factible que su esposo se sienta abrumado por lo que él considera una necesidad suya. Esto podría suceder por varios motivos, pero primero observaremos el comportamiento de usted.

¿Hace usted algo de lo siguiente?

● lo bombardea con sus sentimientos en el momento en que él cruza la puerta;
● hace caso omiso de las señales de que él necesita espacio, como lo es encender el televisor o ponerse intranquilo;

8

● se aferra a él cuando dice que desea salir de la casa o sólo ir a otra habitación.

Si reconoce en esto su propio comportamiento, necesita retroceder y dar a su esposo espacio para respirar. Si no entiende o respeta sus señales, su esposo sentirá resentimiento hacia usted por lo que percibe como sus esfuerzos por evitarle que sea independiente. Una de las formas en que trata de detenerla es criticándola. Podría decir: ''Nunca estás satisfecha'' o ''¿Tendré que despegarte de mí?'' Éstas son algunas sugerencias:

● Si su esposo sale de la habitación, no lo siga.
● Si dice que necesita paz y tranquilidad, no discuta; permítale tenerlas.
● No ceda ante el impulso de aferrarse, física o emocionalmente.
● Haga planes para pasar tiempo con amistades o para llevar a cabo sus propias actividades, para así darle espacio a él.

Su marido podría sentirse agobiado porque no comprende lo que espera de él o no sabe cómo darle lo que desea. Los hombres están orientados hacia las soluciones. Es probable que él se sienta responsable de resolver los problemas de usted y que sienta que está desilusionada de él. En este caso, puede criticarla para ocultar sus propios sentimientos de insuficiencia. Si esto parece correcto, trate de ser más específica. Diga: ''Me gustaría tener cinco minutos de tu tiempo para poder quejarme y lamentarme de mi madre. ¿Está bien ahora? Si no, ¿cuándo?'' No exceda el tiempo. Cuando transcurran los cinco minutos, déle las gracias por escucharla o diga: ''Me gustaría recibir un par de abrazos. Tuve un día horrible''. No pida un abrazo, si su esposo ya se encuentra en un estado de retraimiento. Si la abraza, déle las gracias, pero no empiece a hablar sobre sus sentimientos. Lo importante es apegarse a su petición original.

Si su esposo todavía la critica por sentir necesidad, diga:

- ¿Qué hago que te hace sentir incómodo?
- ¿Qué puedo hacer de otra manera?
- Parece que no te agrada que te pida que me escuches. ¿Puedes decirme el motivo?
- ¿Puedes ser específico respecto al motivo de tu enfado?

Si su esposo continúa apartándola y ningún intento de su parte parece ayudar, entonces, está tratando con su temor excesivo de cercanía o con sus sentimientos todavía sensibles de ser abrumado. En cualquier caso, déle tiempo para que se acerque a usted. Esto puede tardar, pero si le da el espacio para sentirse cómodo, sucederá.

Yo deseo intimidad y él desea sexo

Con frecuencia, los hombres no distinguen el sexo de la intimidad. Si abraza y besa a su esposo, se sienta sobre sus piernas o le da masaje en los hombros, es probable que él piense y actúe "sexo". Si usted se siente triste, su esposo podría abrazarla; sin embargo, a pesar de sus lágrimas, su abrazo podría cambiar del afecto hacia lo sexual. Muchas mujeres se sienten enfadadas, ofendidas o maltratadas cuando sus maridos malinterpretan sus intenciones. No obstante, no ceda a la tentación de decir: "En lo único que piensas es en el sexo", "No te importan mis sentimientos" o "¡Dios, eres un pelmazo insensible!" Es probable que su esposo no trate de herirla o rebajarla, sino que simplemente responde a lo que su cuerpo y mente le dicen. Si su esposo no distingue entre el afecto, confortar y el sexo, entonces, usted necesita estar a cargo de lo que desea y aprender a comunicárselo.

Si desea que la mimen y sabe que su esposo responderá de una manera sexual, entonces, sea explícita y diga de antemano lo que desea:

● En verdad estoy molesta con mi jefe; me gustaría un poco de consuelo.
● Estoy loca por ti; me gustaría darte un beso.
● Me siento triste. ¿Me abrazas?
● Tuviste un mal día. Deseo abrazarte.

Si su esposo no comprende, agregue un comentario directo como: "Y no deseo convertirlo en sexo" o "No es sexo lo que busco en este momento".

Muchas esposas se enfadan con sus maridos porque "no escuchan" sus petición de un afecto no sexual. Estas mujeres sienten que son forzadas a tener sexo. Es su tarea solicitar lo que desea y proseguirlo. Si cede ante su esposo para no "decepcionarlo" o "enfadarlo", entonces, usted es parte del problema. Si después de comunicarle a su esposo lo que desea, su respuesta es sexual y usted accede, no espere que la escuche ni que le crea la próxima vez.

También es responsabilidad suya mantener bajo control su propio comportamiento. Si toca a su esposo de una manera sexual, después de haber dicho que lo único que desea es proximidad, está siendo injusta y espera demasiado de él. No sea un fastidio.

Si cambia de opinión respecto a tener sexo, espere. Déle las gracias por confortarla y, más tarde (no tiene que transcurrir demasiado tiempo), inicie el sexo. Si no separa las dos cosas, como le pidió a su esposo que lo hiciera, es probable que se sienta confundido. También, la próxima vez que pida afecto, él esperará que se excite de nuevo.

Si su esposo accedió con anticipación a proporcionarle afecto no sexual, pero después se muestra sexual con usted, diga:

- Acordaste no actuar en forma sexual.
- Esto no me parece confortable.
- Retira la mano de mi seno (por favor).

Continúe siendo clara y permítale saber qué tan importante es para usted el hecho de que él cumpla lo que prometió. Si le dice que le resulta imposible controlar sus sentimientos sexuales, insista. Diga: "Por supuesto que puedes controlar tus sentimientos sexuales. Lo que en realidad estás diciendo es que no deseas hacerlo. Es importante para mí que hagas a un lado tus sentimientos sexuales cuando sólo deseo que me abraces. Tengo que confiar en que puedes hacer eso por mí".

Después de un tiempo, su esposo empezará a disfrutar los beneficios de los abrazos y besos. El podrá entonces *pedirle* a *usted* afecto, a sabiendas de que recibirá su afecto y amor sin ninguna exigencia.

Siempre que intento acercarme a él, cambia el tema o hace una broma

Con frecuencia, los hombres cambian el tema cuando hablan entre sí, en especial, cuando uno de ellos habló sobre un sentimiento importante o doloroso. Para un hombre, esto es una señal de respeto, algo como decir: "Sé que puedes manejar la situación; no hay necesidad de hablar más sobre eso". Por otra parte, las mujeres responden ante los sentimientos de una amiga hablando sobre sus propias experiencias similares. Si se siente herida cuando su esposo le responde como lo hace con sus amigos, es porque usted espera que reaccione como lo harían sus amigas. Puede estar convencida de que su esposo no respeta sus sentimientos o de que no escucha; no obstante, es posible que simplemente trate de asegurarle que piensa que usted está en control y que es capaz, que es lo que él desearía

de usted, si se encontrara en una posición similar. También es posible que se sienta incómodo con su deseo de proximidad, por lo que no puede relajarse. Si su esposo no está acostumbrado a la cercanía, de la misma manera que usted, podría impacientarse, hacer una broma o no hacerle caso como una forma de controlar sus propios sentimientos de incomodidad o apartarla para poder encontrarse de nuevo a una distancia más segura y familiar.

Como le está pidiendo a su esposo que cambie su comportamiento, el cual es probable que nunca haya cuestionado y que funciona muy bien con sus amigos, tendrá que ser paciente. Las respuestas de su esposo no cambiarán de la noche a la mañana y dichos cambios se presentarán en dosis pequeñas. Puede presionarlo un poco al tener algunas reacciones amistosas ante su comportamiento:

● Cuando él escuche *aunque sea en forma breve,* comente al respecto. "Gracias por escuchar" es suficiente, no insista demasiado sobre el asunto.
● Cuando él cambie el tema una vez más, acéptelo y, después, vuelva al tema sobre el que hablaban. Puede decir: "Volviendo a lo que decía...", o algo similar.
● Si le comunica sus sentimientos en un momento particular y él hace una broma y ríe, no se muestre tensa y resentida. Su esposo puede estar tratando de hacerla sonreír.
● Si no está de humor para bromas o cambios de tema y en realidad desea hablar, pregúntele si sería mejor hacerlo en otra ocasión. No lo acose, pero tampoco le permita apartarse del tema.

En ocasiones, las mujeres eligen a un hombre reservado y, después, hacen todo lo que está en su poder para convertirlo en otra persona. En la terapia de parejas, muchos esposos descubren, para su desánimo, que los mismos atributos que los

atrajeron mutuamente son con los que más tarde tienen problemas o desean cambiar. Si éste es el caso, es tiempo de estudiar sus propias alternativas y comprender que quizá espera demasiado de su esposo. En cambio, concéntrese en las cualidades que tiene su esposo y que usted encuentra encantadoras. Empiece aceptándolo como es y no en quien desea convertirlo.

Muchas mujeres que le temen a la proximidad se relacionan con hombres que son distantes. Usted acosa, él huye y ambos son infelices. Usted culpa a su esposo ("No me permite acercarme a él"); él la culpa ("Siempre me persigue"). Sin embargo, es un problema conjunto: ambos temen la proximidad. La mejor manera de averiguar si encaja en esta categoría, es ver lo que sucede si su esposo le hace insinuaciones cuando deja de huir. ¿Siente pánico? ¿Se aparta? ¿Critica con sutileza su intento de estar cerca de usted? Si éste es el caso, intente cambiar su propio comportamiento. Note cuando aleja a su esposo con un comentario de enfado o crítica o apartándose. Trate de confesar esto con sinceridad, disculpándose o, sencillamente, afirmando que ha observado su propio comportamiento.

La urgencia repentina que siente de hacer una llamada telefónica o de desyerbar el jardín cuando su esposo trata de acercarse es equivalente a las bromas de él y a los cambios de tema. En cambio, trate de sentarse en silencio y acepte sus insinuaciones. Al principio se sentirá ansiosa, pero con el tiempo resultará más sencillo.

No puedo lograr que hable sobre su día

Cuando todo va bien, la mayoría de los hombres no sienten la necesidad de hablar sobre su día. Si algo está mal, muchos hombres no hablarán sobre eso hasta tener noción de cómo lo

solucionarán. No se sorprenda si en respuesta a su pregunta "¿Cómo te fue hoy?" su esposo responde "Bien" o "Arreglé la cuenta de los Reynold". Es probable que usted no sepa que la cuenta de los Reynold necesitaba arreglo. No obstante, si hace más preguntas a su esposo sobre eso, es probable que reaccione como si usted deseara hablar sobre historia antigua.

Por otra parte, es probable que a usted le guste hablar sobre muchos aspectos de su día: las personas, los problemas, el momento vergonzoso frente a su jefe. Cuando puede compartir lo que sucedió mientras no estaban juntos, se siente más cerca de su esposo.

Si piensa que a su esposo le gustaría decir más sobre su día, pero que esto no fluye con naturalidad, haga preguntas específicas:

● ¿Jody obtuvo su aumento?
● ¿Tus empleados hablaron sobre el terremoto en Guatemala?
● ¿Mary ya tuvo a su bebé?
● ¿En qué clase de proyectos trabajas esta semana?
● ¿Cómo está el señor Reynolds?

No se obtiene nada tratando de forzar a su esposo para que hable sobre su día, si él no desea hacerlo. Si no responde bien a sus preguntas, si se pone tenso, enfadado o responde con una sola palabra, entonces, usted no está cumpliendo con su propósito de estar más cerca de él si continúa preguntando. Hable sobre su día. Dígale que para usted resulta relajante hacerlo, mas no espere que él actúe de la misma manera.

En ocasiones, las personas sólo desean llegar a casa, relajarse y olvidarse de su día de trabajo. El repetir una y otra vez lo sucedido durante el día les impide relajarse. Si así sucede con su esposo, sugiera salir a caminar antes de la cena o tomar una bebida en el patio. Recuerde que lo que busca es la intimidad. Puede presentarse de una manera diferente; sin

embargo, aun así es intimidad. El sentarse en silencio puede ser tan íntimo como hablar, en especial, si para su esposo ésta es una manera de relajarse de las actividades del día.

Para su esposo puede resultar relajante llegar a casa y poner las noticias. Muchas mujeres se quejan de este comportamiento. Si presiona a su esposo, él puede apagar el televisor, pero sentirá resentimiento hacia usted por tratar de controlarlo. En lugar de tomar su interés en las noticias como una afrenta personal, considere sentarse con él y enterarse de lo que sucede en el mundo. También puede ocuparse con alguna otra actividad y permitirle relajarse a su manera y a su propio ritmo. Es probable que después de que él compruebe y se asegure de que nada cambió desde la última vez que indagó, se encuentre en un estado de ánimo mejor, más relajado y listo para hablar con usted.

Segundo punto problema:
Los niños

Rara vez dos personas están totalmente de acuerdo sobre cómo educar a los niños. Por lo tanto, hablar sobre sus hijos con su esposo, en especial cuando existe un problema, resulta bastante frustrante. El estilo para educar de su esposo, las expectativas de sus hijos y la forma de comunicarse con ellos pueden ser diferentes de los suyos. Si al igual que muchas mujeres, usted pasa más tiempo con los niños que su esposo y lleva a cabo la mayor parte de la tarea de educar a los niños, puede resultarle especialmente difícil escuchar lo que él tiene que decir sobre ellos. Después de todo, ¿quién sabe más acerca de sus hijos que usted?

Sin embargo, en lugar de sentirse culpable por no pasar más tiempo con los niños, su esposo puede pensar que usted pasa demasiado tiempo con ellos. En lugar de apreciar su trabajo arduo, ¿su esposo se queja de que usted no tiene tiempo para él, que está más interesada en los niños que en él o que ya no hacen el amor? ¿Usted responde que si él pasara

menos tiempo frente al televisor y más tiempo ayudándola con los niños, quizá podría levantarse del piso y arrastrarse hasta la cama ocasionalmente? Muchas parejas representan una versión de este argumento o de otro día tras día. Es probable que él se aleje sintiéndose atacado y que usted se retire sintiéndose maltratada.

Este patrón es la raíz de los argumentos de muchas parejas en relación con los hijos, pero en realidad es un problema de relación. Por ejemplo, puede resultar más fácil para usted y su esposo enfocarse en los niños en lugar de hablar acerca de si satisfacen sus propias necesidades emocionales. Si tiene dificultad para expresar en forma directa los sentimientos, como lo hacen muchas parejas, resulta tentador ocultar el verdadero problema y hablar sobre éste *a través de otro tema.* Sin embargo, como el verdadero tema, digamos la intimidad, nunca se toca, nunca se resuelve.

Cuando las parejas son más directas al decir lo que sienten, sus conflictos en relación a pasar tiempo juntos contra pasar tiempo con los niños desaparecen. Por ejemplo, si su esposo dijera: ''Te extraño'', ''Siento que me excluyes'' o ''Hagamos una cita y salgamos a cenar, sólo nosotros dos'', usted podría reaccionar en forma diferente. Si habla con su esposo sobre desear más ayuda o apoyo de una manera que él pueda *soportar,* no en una discusión ni como una forma de castigo cuando desea algo de usted, él podría responder en forma positiva.

Otro conjunto de problemas tiene que ver con las diferencias en las formas en que usted y su esposo sienten que están en ''lo correcto'' para educar a sus hijos. Esto puede estar relacionado con la forma en que la educaron. La manera como la educaron influye en la forma en que educa a sus hijos. Si está de acuerdo con la educación que le dieron sus padres, digamos la forma como la corrigieron, lo hace de igual manera; o si no está de acuerdo, se asegura de hacerlo de un modo

diferente. De cualquier manera, tiene una opinión sobre lo que es correcto en este aspecto. Dependiendo de cómo fue educado su esposo, él también tendrá su propia opinión sobre este mismo tema.

Muchas parejas tienen discusiones continuas sobre la disciplina, reglas, recompensas y privilegios. Quizá usted es más indulgente y su esposo es más rígido. Estas diferencias, aunque sean pequeñas, pueden incrementarse durante un desacuerdo. Pronto, su marido le dirá que su hijo será un criminal, porque usted no le enseña los límites, y usted grita que su marido es un nazi.

Debido a que usted tiene una opinión firme acerca de cómo deben ser educados los niños, quizá no desee transigir con su esposo. No obstante, hay mucho espacio para variación en relación con este tema, sin incluir los métodos no negociables como el abuso infantil, la negligencia, la crítica, en otras palabras, formas destructivas de educar, así como algunas reglas y reglamentos. Digamos que su esposo desea que su hija de dos años, Mary, no arroje la comida al piso. Sin embargo, cada vez que él le da de comer a Mary, usted dice: "La estás restringiendo" y trata de hacerse cargo. Su esposo continúa alimentando a Mary, pero dice con los dientes apretados que usted permite que la niña se salga con la suya. Una solución a este problema es que usted y su esposo se turnen para alimentar a Mary, cada uno a su manera. Mary aprende a comer de una forma con papá y de otra diferente con mamá; es un ajuste simple para ella. Cuando descubra que Mary actúa bien con ambos, comprenderá que hay más de una manera (la suya) para educar a un niño.

No es poco común que las mujeres se sientan responsables del bienestar emocional y físico de sus hijos. En ocasiones, esto significa que ve a su marido como enemigo. Por ejemplo, escucha que su esposo habla con su hijo acerca de sus calificaciones, con una voz que le parece demasiado críti-

ca o fuerte. Convencida de que su esposo no la iguala en lo relativo a la educación o sensibilidad, piensa que su hijo resultará dañado y puede sentirse obligada a actuar para protegerlo. No obstante, si interviene, avergonzará a su esposo y le quitará la autoridad que tiene con los niños. En el proceso, se une a los niños en contra de él. Puesto que su esposo tal vez no fue entrenado de la misma manera que usted para captar la versatilidad de los sentimientos y comportamiento, terminará sintiendo que no puede hacer nada bien. Estas reacciones conducen a distanciamientos y malentendidos cada vez mayores entre usted y su esposo.

Sus hijos desarrollarán una relación separada con su padre, algo en lo que usted no debe interferir, a no ser que él sea abusivo. Algunas investigaciones sugieren que hay diferencias de género en los estilos para educar y que los niños se benefician con los dos estilos. Una conclusión es que los niños no necesitan dos mamás, sino que necesitan una mamá y un papá. Cada uno contribuye con algo diferente y valioso. Por lo tanto, aunque resulta difícil aceptar el comportamiento de su esposo que no le agrada, es en el mejor interés de sus hijos aceptarlo. Otros estudios muestran, por ejemplo, que los niños que son educados únicamente por sus madres son más agresivos que los niños que son educados con un padre en casa. ¡Por lo tanto, su esposo debe estar haciendo algo correcto!

En este capítulo encontrará discusiones sobre algunos de los problemas que las esposas tienen con sus maridos, así como algunas sugerencias sobre cómo hablar con su esposo sobre dichos problemas.

No pasa suficiente tiempo con los niños

Para tratar esta queja, es una buena idea indagar qué tan "pura" es. ¿Se queja únicamente del tiempo que su esposo pasa con los niños o también incluye la falta de tiempo que

pasa con usted? Si desea que su esposo pase tiempo con usted, ése es un problema separado. No lo mezcle con el de los niños.

Si piensa que el amor verdadero y la felicidad familiar requieren que usted y su esposo abandonen cualquier actividad externa y él no lo ha hecho, entonces, ninguna cantidad de tiempo que él pase con los niños será suficiente. Si piensa que cada vez que él sale con un amigo o juega un partido de tenis el fin de semana está abandonando a la familia, es usted quien está siendo poco razonable e injusta. Si no deja de decir cosas como: "Tu hijo quería mostrarte su proyecto de ciencias, pero, por supuesto, no estabas aquí" o habla acerca de lo egoísta que es su marido, no es probable que no solucione este problema.

Aunque es verdad que algunos hombres no pasan suficiente tiempo con sus hijos, también es verdad que algunas mujeres pasan demasiado tiempo con ellos. Si sacrifica su tiempo libre por sus hijos, que así sea, pero no resienta que su esposo no haga lo mismo. Si su marido encuentra tiempo para ver amigos, es un buen ejemplo para usted de cómo equilibrar mejor su propia vida. Pídale que cuide a los niños una noche, mientras usted sale con una amiga, va a la biblioteca o conduce hasta la playa. Si toma tiempo para sí misma, su resentimiento disminuirá.

Es probable que su esposo no pase tiempo con los niños porque no se siente a gusto con ellos. Tal vez no sepa qué hacer. Muchos hombres desean estar más involucrados con sus hijos, pero no saben por dónde empezar; se sienten "torpes". Para él, puede parecer que todo funciona bien sin él: los niños la buscan con las rodillas raspadas y para contarle los problemas con sus amigos, le piden permiso para salir después de la escuela y usted les entrega dinero cada semana. Es probable que él no se dé cuenta de que los niños lo extrañan o que les gustaría que contribuyera más a la familia. Ayúdelo, permita que sepa que él es importante para los niños. No diga: "Spencer creció cinco centímetros desde la última vez que lo

viste''. Diga: ''A Spencer le gusta en verdad pasar tiempo contigo''. Éstas son algunas sugerencias que ayudarán a su marido a tomar parte:

● Pida a su esposo que lleve a cabo actividades específicas con los niños. Por ejemplo, diga: ''¿Quieres ayudar a Susie con su práctica de bateo?'' o ''Greg tiene dificultad con los polinomios. ¿Quieres revisar su tarea durante los próximos días?''

● Planee actividades para toda la familia. Realice juegos después de la cena, tengan una discusión animosa, incluyendo a su esposo. Planee algo que disfrute su marido y que él pueda compartir con los niños, como pescar, algún evento deportivo o visitar un museo.

● Inclúyalo en la toma de decisiones. Digamos que su hijo de diez años le pide permiso para ir a un concierto de Grateful Dead. En lugar de gritar: ''¿En qué nos equivocamos?'' o de ofrecer su vieja playera con un teñido irregular, diríjase a su esposo y pregúntele lo que opina.

Si su marido se encarga del trabajo en el patio o le gusta ocuparse en fruslerías en la cochera, sugiera a los niños que lo acompañen por un tiempo. Si piensa que pasa demasiado tiempo mirando la tele o jugando con la computadora, llegue a un acuerdo con él. Diga: ''Pasas cuatro horas cada noche mirando la tubería o jugando con la computadora. ¿Qué te parece si dedicas una hora de ese tiempo a los niños?'' Anímelo a pasar tiempo enseñando a los niños computación o mirando un programa infantil en la televisión.

Si su objetivo es lograr que su esposo pase tiempo con los niños, no se queje acerca de lo que él hace con ellos. En otras palabras, si desea llevarlos a un juego de béisbol, no diga: ''Esperaba que hoy enseñaras a Danny cómo hacer una división larga''.

Si él dice que pasa todo su tiempo libre con los niños, que trabaja 75 horas a la semana *para los niños* o que usted es demasiado exigente, pídale que sea específico respecto al tiempo que pasa con los niños. Tal vez tenga que explicarle que dormir bajo el mismo techo no significa pasar tiempo con los niños. Discuta, de una manera interesada y no hostil, la clase de papel modelo que desempeñó el padre de su esposo. Discuta sobre las prioridades. Quizá desee decirle que aunque aprecia sus esfuerzos para encargarse financieramente de su familia, preferiría que estuviera en casa en lugar de trabajando tanto para llevar a casa dinero adicional.

Es demasiado impaciente/criticón

Es posible que su esposo no tenga idea del efecto que tiene en los niños cuando levanta la voz o critica. En ocasiones, el solo hecho de hablar con él y decirle cómo lo perciben puede esclarecerlo y quizá entonces solicite su ayuda para cambiar su comportamiento.

Sin embargo, con mucha frecuencia el problema es una diferencia en estilos de educar y, en ocasiones, una diferencia de género. Los hombres tienden a enfocarse en el desempeño de sus hijos y las mujeres se enfocan más en la vida emocional de ellos. Algunas veces podría parecerle que su esposo espera demasiado de los niños, pero la investigación muestra que los pequeños se benefician de igual forma del enfoque del padre sobre asuntos más concretos, como calificaciones y ganar en los deportes, así como del enfoque de la madre sobre los sentimientos. Su esposo está enfocado en el futuro de sus hijos; le preocupa cómo saldrán adelante sus hijos en este gran mundo malo. Siente que es su tarea endurecerlos.

Su esposo puede sentirse más orgulloso de su hijo cuando gana en el tenis o en algún otro deporte. Por otra parte,

usted puede sentirse más feliz cuando ofrece ayudar a su hermana menor con la tarea o cuando le poda el césped a la vecina anciana. Mientras su esposo puede sentir que no desea que los niños crezcan siendo demasiado "blandos", usted puede opinar que cualquier exigencia para mejorar es nociva para el autoestima de sus hijos. Observe con mayor detenimiento. Si espera que su esposo sea como usted y trate a los niños como usted lo hace (con la misma sensibilidad), tal vez no está siendo justa con su esposo o con los niños.

Siempre que su hijo resulta lastimado, eso también la hiere a usted. Por lo tanto, es difícil cuando piensa que su esposo está hiriendo los sentimientos de su hijo con su tono de voz o con su falta de sensibilidad. Si piensa que su esposo está siendo demasiado duro, dígaselo. También puede permitirle que desahogue su frustración. Por ejemplo, si sabe que su hija adolescente, Linda, lo enloquece con sus rabietas incesantes, su cabello con apariencia exótica y las horas que pasa hablando por teléfono todas las noches, reconózcalo. Dé a su esposo la oportunidad de quejarse con usted al respecto, sin que lo juzgue.

Si nota que sus hijos tienen reacciones negativas hacia su esposo, tales como lágrimas, ira y sentimientos heridos, dígaselo. No diga: "Criticas demasiado". En cambio diga: "Cuando llamaste a Claire bebita rechoncha, heriste sus sentimientos". Sea concreta. Si su esposo no está de acuerdo con usted o dice que lo critica, sugiérale que hable con Claire.

Si los niños se quejan de su padre con usted, anímelos para que hablen con él sobre sus sentimientos. Informe a su esposo sobre las preocupaciones de sus hijos y sugiera que hable con ellos. Su esposo puede sentirse incómodo en este papel, por lo que debe preguntarle si desea su ayuda para iniciar una charla. Si es así, considere que una buena forma para crear un diálogo es empezando a tener reuniones familiares, quizá una vez a la semana. Fije una hora específica cada

semana para que todos los miembros de la familia se reunan y hablen sobre *cualquier cosa* que deseen. Dos niños pueden quejarse uno respecto al otro o usted puede hablar sobre las tareas para la semana y cómo se llevaron a cabo. Exprese sus sentimientos y aliente a los niños para que hablen sobre los suyos. Es entonces cuando los temas relacionados con la educación que les da su marido saldrán a relucir. Como todos hablan acerca de sus sentimientos respecto a todos los demás, su esposo no es señalado.

No ceda en lo relacionado con este problema ni deje de hablar al respecto. Si la crítica o impaciencia de su esposo causa impacto en el autoestima de los niños, usted tiene que insistir en esto.

Yo digo no, él dice sí

Si su esposo no participa lo suficiente en la educación de los hijos, puede sentir que tiene que compensar a los niños siendo bueno. Por supuesto, el radar de sus hijos captará esto y la harán a un lado para hablar con papá. Se sentirá debilitada y se enfadará con su esposo cuando su hijo anuncie triunfante que pasará la noche en la casa de su amigo, a pesar de que usted dijo que no una hora antes, porque papá le dijo que podía ir.

Es importante conocer los motivos de su esposo para tener este comportamiento, ya que puede ser un síntoma de otros problemas en su relación. Por ejemplo, si su esposo se enfada con usted porque no le presta atención o lo critica, puede descubrir que aliarse con los niños en contra de usted es una manera efectiva de castigarla. Por otra parte, su esposo puede dar su autorización para ciertas cosas porque ustedes dos no están de acuerdo en lo que debe o no permitirse. ¿Él dice que sí a los niños porque la primera palabra que sale de la boca de usted es no? Si su esposo le dice que es demasiado negativa, preste atención a su propia voz y reacciones ante los

niños. Si descubre que él tiene razón, puede estar repitiendo de manera inconsciente algún comportamiento de educación que aprendió de sus padres. Pida a su esposo que la ayude indicándole las ocasiones cuando hable sin pensar.

Discuta el problema en forma directa con su esposo. Pregúntele si algo más lo inquieta. Dígale que nota su comportamiento y que eso daña sus relaciones con él y los niños. Sugiera que ambos se sienten a discutir cómo manejarán este problema en el futuro. Dígale que es importante que presenten un frente unido ante los niños y que ambos necesitan trabajar como equipo. Para lograr lo anterior, ustedes dos necesitan hacer lo siguiente:

- Discutan las peticiones de sus hijos antes de decir sí o no. Digan: "Tu papá/mamá/ y yo lo discutiremos y te lo comunicaremos".
- Pónganse de acuerdo en lo que les dirán.
- Apéguense a lo que acordaron.

Si existen diferencias serias sobre lo que usted y su esposo piensan que es permisible, es tiempo de llegar a un acuerdo. Debe desear comprometerse y negociar. A menos que hagan luchas subyacentes de poder, podrán solucionar este problema.

Si el problema continúa, no le permita evadirse de lo que hace al decir cosas tales como: "Fue sólo esta vez" o "¿Por qué haces tanto alboroto por esto?" No deje de insistir en que sigue el enfoque del trabajo en equipo descrito en esta sección y llámele la atención cada vez que diga sí cuando usted ha dicho no.

Si los niños se portan mal, él me culpa

Si su esposo parece esperar que usted lleve a cabo la tarea de educar a los niños y, no obstante, critica sus esfuerzos, se

sentirá desmoralizada y con ira. Éste es un patrón familiar de las parejas. Cuando se siente enfadada y traicionada, resulta difícil retroceder y examinar los posibles motivos del comportamiento de su esposo; sin embargo, vamos a intentarlo.

Es posible que su esposo se sienta excluido. Tal vez lo excluye de su relación privada con sus hijos. Si usted tiene información particular sobre sus hijos y no incluye a su esposo en algunas de sus jugarretas, en lugar de que él le diga que se siente excluido en su propia casa, es probable que la ataque. No haga bromas privadas con sus hijos ni pase por alto ciertos comportamientos que su esposo ignora. Su marido es su compañero, sus hijos no lo son. Para las mujeres que sienten que sus maridos no les satisfacen ciertas necesidades emocionales, en ocasiones resulta tentador aliarse con sus hijos. Si éste es el caso, necesita tratar en forma directa sus problemas con su esposo. Si desea recibir más afecto de él o pasar más tiempo a su lado, dígalo.

Otro motivo por el que su esposo podría criticarla es porque se siente inadecuado como padre. Si siente que usted hace todo bien y que él hace todo mal, es probable que no se sienta cómodo si le pide ayuda. En cambio, puede encontrar motivo para quejarse de usted. Examine su comportamiento para saber si contribuye a esos sentimientos. Por ejemplo, ¿se burla de sus intentos torpes para cambiar pañales o para "estar presente" emocionalmente para su pequeña hija? Apoye más los esfuerzos de su esposo en relación con su papel de padre y él la criticará menos.

Tal vez su esposo está enfadado con usted por algo por completamente no relacionado con los niños, pero se enfoca en su comportamiento. Si éste es el caso, el problema no está relacionado con los niños y sí vinculado en forma más directa con su relación de esposos. Enfrente a su marido. "Si estás enfadado por algo, me gustaría saberlo en forma directa".

Es probable que sus hijos estén mal educados. Quizá es demasiado indulgente y los niños no tienen estructura. Si esto es verdad, usted y su esposo necesitan sentarse y discutirlo para llegar a un acuerdo sobre la educación de los hijos. Pídale ayuda si tiene problemas para disciplinar a los niños o para decir que no. En otras palabras, no ponga resistencia ante su esposo y acepte sus intentos amorosos de ayudar.

Si a su esposo le preocupa lo que la gente pensará cada vez que su hijo de dos años hace un berrinche típico, entonces es probable que resulte más cómodo para él culparla a usted y no al niño. Es posible que se sienta impotente ante el comportamiento de su hijo. Éste es un buen momento para hablar sobre lo que normalmente se puede esperar de un niño a cierta edad. Tal vez ha leído más libros que su esposo sobre el comportamiento de los bebés y niños. Puede sugerir (quizá una vez más) que lea algunos o, simplemente, decir: "El libro de Penelope Leach dice que éste es un comportamiento típico". También puede decir: "Eso también me preocupó hasta que leí que es por completo normal".

A pesar de todo, su esposo puede continuar culpándola. Examinemos lo que podría estar haciendo que contribuye al problema. ¿Asume el control de los niños o se asegura de que él no pase la misma cantidad de tiempo con ellos?

Necesita apartarse un poco de los niños y permitir que su esposo participe. Tal vez piense que sabe más e interviene en forma constante porque él hiere los sentimientos de sus hijos sin darse cuenta. Permítale tener una relación con sus hijos sin que lo critique siempre. Sus hijos se ajustarán a sus imperfecciones. El evitar que su esposo se relacione con los niños debido a la necesidad de "protegerlos" dañará la relación de los niños con su padre y la relación de usted con su esposo.

Incluya a su esposo en las decisiones que tome en lo referente a los niños. Discuta su comportamiento con él y pídale su opinión. Decida qué asuntos son importantes. Insis-

ta en ser un equipo. Si él continúa culpándola por el comportamiento de sus hijos, puede pasarlo por alto o pedirle que coopere en cada ocasión. Sin importar la respuesta que elija, sea consistente. Entonces, también podrá atribuirse el mérito de la buena educación que tengan sus hijos.

Cuando es hora de cambiar un pañal, no puedo encontrarlo en ningún sitio

Si es como la mayoría de las mujeres, pasa más tiempo con sus hijos que su esposo. No sólo los lleva a los juegos de béisbol y les lee por la noche, sino que también compra su ropa, los lleva a tiempo a la escuela y deja de trabajar cuando están enfermos. Sin importar el progreso que han logrado las mujeres, en lo relacionado con la educación de los hijos, todavía es una realidad que las mujeres trabajan más. ¿Qué puede hacer al respecto? Es probable que pueda hacer mucho, pero esté preparada para soportar primero cierta tensión, argumentos e incomodidad.

Examinemos primero cómo ha manejado hasta ahora este problema. ¿Siente un resentimiento callado? ¿Hace comentarios sarcásticos a los niños respecto a que su esposo no cumple con su parte? ¿Se enfada cuando él sugiere cómo manejar el problema de que su hijo falta a la escuela y usted lo culpa de eso? ¿Soporta su fastidio como un símbolo de sufrimiento?

Con justicia para su esposo, a no ser que usted hable sobre el problema, literalmente quizá él no lo vea. Puede notar el hecho de que usted pasa más tiempo con los niños como una elección libre. Él se siente bien haciendo otras cosas, por lo que supone que si usted deseara hacer otras cosas, las haría. Tal vez espere que lea su mente y sepa lo que siente, lo cual no sucederá.

29

Por supuesto, el ser directa y decirle a su esposo que desea que la ayude más no siempre funciona. Un escenario común podría ser algo como esto: usted le dice a su esposo que desea que bañe a los niños esa noche, que cambie un pañal de vez en cuando o que les sirva la cena cuando usted trabaje hasta tarde. Él responde algo como esto: "Necesitan el amor maternal", "Tú les cambias los pañales con mayor rapidez" o "Prefieren que tú les des de comer".

¿Qué sucede entonces? Si usted es propensa a sentir la más mínima culpa o cree que las mujeres *deben* educar más o poner mayor interés, entonces, estos argumentos triviales funcionarán con usted.

Por otra parte, si desea que la tarea de criar a los hijos se divida de una manera más equitativa, manténgase firme. Continúe insistiendo para que su esposo contribuya con su parte justa. Sea específica. Diga: "Deseo que les des de comer a los niños los miércoles por la noche", "Deseo que nos turnemos para acostar a los niños" o "Deseo que lleves a Brad a su juego de futbol un sábado sí y otro no".

Trate de negociar algunas responsabilidades. Diga, por ejemplo: "Continuaré con la ronda del coche, si llevas a Johnny con los niños exploradores" o "¿Qué prefieres hacer, la ronda con el coche o llevar a Johnny con los niños exploradores?"

Si su esposo se queja, sugiere obtener ayuda adicional: nanas, personas que limpien la casa, un chofer, lo que sea necesario. También puede comentar que preferiría que él ganara un poco menos de dinero y estuviera en casa más a menudo.

Así mismo, podría desear examinar su propio comportamiento. ¿Se queja a pesar de que en realidad no desea que su esposo comparta la responsabilidad? Si su identidad está vinculada a sus hijos, quizá tenga dificultad para ceder el control. ¿Arruina los esfuerzos de su esposo para contribuir al criticar lo que hace o al decir: "Oh, permite que yo lo haga"?

Si es así, es tiempo de que se aparte y dé a su esposo la oportunidad de compartir con usted el trabajo y la alegría de educar a los niños.

Es probable que haya decidido que no vale la pena reñir y que prefiere hacer el trabajo adicional. Vivir con esa solución significa aceptar lo siguiente:

- Ésta es su elección. En otras palabras, ya no podrá enfadarse con su esposo porque no hace su parte.
- No podrá quejarse de que su esposo espera demasiado de usted. Recuerde que fue usted quien decidió esperar lo anterior de sí misma.
- No podrá quejarse con los niños respecto a su padre.
- No podrá tener el comportamiento de una víctima ante sus amigas, o sea decir cosas como: "Oh, le dije a Bill que podía ir al cine sin mí. Tengo que planchar la ropa de los niños, prepararles la cena, ayudarlos con la tarea y arreglar la podadora".

La única forma de lograr que su esposo cambie el comportamiento descrito en esta sección es mostrándose firme y siendo consistente. Él no le facilitará las cosas, pero si expresa con claridad lo que desea y no retrocede, su esposo cambiará en poco tiempo.

Yo deseo tener otro hijo, él no lo desea

Si tiene suerte, usted y su esposo estarán de acuerdo acerca del número de hijos que desean tener. Sin embargo, con frecuencia una persona en un matrimonio desea tener uno o más hijos que los que desea el otro esposo. Como tendrá o no otro hijo (no hay término medio), a menudo las parejas dan vueltas a este asunto, en ocasiones durante años, sin llegar a

31

una solución. Por lo general, el deseo de tener un hijo es tan apremiante que resulta difícil olvidarlo y el deseo de no tener un hijo u otro hijo es de igual manera urgente. (De lo contrario, el asunto se resolvería con facilidad.) Cada cónyuge tiende a valorar toda la relación de esta manera: "Si me amaras, desearías tener un hijo conmigo" o "Si me amaras, no me obligarías a tener un hijo que no deseo". Debido a que los sentimientos son muy profundos, con frecuencia resulta doloroso y frustrante sostener una conversación racional sobre el tema, aunque, por supuesto, eso es precisamente lo que se necesita. (Con la misma facilidad, podría ser su esposo quien desee tener otro hijo, pero vamos a suponer que es usted quien lo desea.)

Analicemos ahora el meollo del asunto. Si su esposo continúa diciendo que no, ¿puede usted aceptar no tener un hijo o sentirá resentimiento hacia él más adelante por privarla de tener un hijo? Si él accede y dice que sí, ¿más adelante sentirá resentimiento hacia usted por arruinar su vida? Estos son los temas que *debe* abordar en forma abierta y con honestidad.

Ambos tienen que ser totalmente honestos respecto a sus sentimientos. Los desacuerdos sobre asuntos del corazón pueden crear sentimientos intensos de resentimiento, ira y amargura. Discútanlo, *ahora*, no diez años después, cuando ya sea demasiado tarde, hasta que los dos puedan encontrar una solución.

Discuta con su esposo por qué se opone. Es probable que le diga que usted no puede darse el lujo de tener otro hijo: "¿Acaso no hemos sacrificado nuestras vacaciones para pagar lo que necesitan los dos hijos que ya tenemos?" También, él puede pensar que no puede pasar suficiente tiempo con usted en la actualidad. Averigüe por qué su esposo se muestra inflexible y trate de determinar una manera para mitigar sus preocupaciones. Por ejemplo, ¿pasa usted demasiado tiempo

con los niños? ¿Se ha convertido en mamá y ha dejado de ser esposa? Si ése es el caso, enfóquese más en su matrimonio. Pase más tiempo con su marido. Asegúrele con sus acciones, no con palabras, que no abandonará su relación con él, si tienen otro hijo.

Evalúe de nuevo sus objetivos a largo plazo. ¿Su esposo contaba con el ingreso que usted aportaría cuando su último hijo ingresó en el jardín de niños y usted volvió a trabajar? ¿Anhelaba él pasar a su lado algunos años sin niños?

Es probable que su esposo se sienta cansado de cambiar pañales, ir al zoológico el domingo que se juega un Super Tazón y por ceder momentos de descanso. Si su esposo ya se siente abrumado, al presionarlo para tener otro hijo no está usted considerando sus sentimientos. Pregúntele si éste es un mal momento. Si esperaran un año o más tiempo, hasta que su hijo más pequeño haya pasado los primeros dos años terribles, ¿es posible que él tuviera una respuesta diferente? ¿Qué compromisos desean hacer? ¿Puede voluntariamente desempeñar la mayor parte del trabajo que ocasiona otro hijo, sin quejarse?

Si ha permanecido en casa con su hijo pequeño, quizá tema regresar al trabajo. En ocasiones, el tener otro hijo para ganar tiempo resulta tentador. Si éste es el caso, enfrente esos temores e inseguridades con la cabeza en alto. El llegar a ser independiente es un asunto personal para usted y necesita enfrentarlo.

Después de hablar sobre el tema con su esposo e investigar sus propios sentimientos, tal vez decida no tener otro hijo. Si es así, aún puede satisfacer la necesidad de criar al ofrecerse como voluntaria en un hospital local, al pasar tiempo en un jardín de niños o siendo una hermana mayor.

Más importante aún, si decide no tener hijos, debe hacerlo sin hacer responsable a su marido de su decisión. De la misma manera, si su esposo decide acceder a su deseo de tener

33

un hijo, él debe aprobar la idea aceptando la responsabilidad de su decisión.

Tercer punto problema:
El dinero

El dinero es un problema real para la mayoría de las parejas. Nunca hay suficiente y casi todos tienen una idea diferente respecto a cómo gastar lo que hay. Por ejemplo, usted y su esposo quizá no estén de acuerdo sobre si deben gastar su dinero en unas vacaciones o en sillones nuevos para la sala. Si su esposo es ahorrador y a usted le gusta gastar, entonces, es probable que no discutan sobre en qué gastar el dinero, sino si deben gastarlo. Con frecuencia, las parejas están formadas por una persona ahorradora y una que le gusta gastar. Es posible que no se considerara derrochadora antes de casarse, pero si su esposo desea gastar menos dinero que usted, es probable que la etiqueten como la derrochadora de la familia.

El hecho de cómo ganar, gastar y ahorrar dinero requiere de mucho acuerdo, puesto que rara vez dos personas opinan con exactitud lo mismo sobre el tema. Digamos que a su esposo le gusta arriesgarse, pensando que siempre habrá suficiente dinero. Desea invertir en acciones dinámicas y en mi-

nas de oro en Arizona. Por otra parte, usted es una persona que se preocupa; sin importar cuánto dinero tengan, siempre le preocupa que algún día se esfume. Prefiere invertir en bonos y fondos mutuos. A no ser que usted y su esposo lleguen a un acuerdo, como invertir algunos fondos en acciones seguras y otra cantidad en minas de oro en Arizona, el dinero continuará siendo una fuente de tensión o de ira.

El dinero no es sólo un problema real, sino también un problema simbólico. Nuestro mundo puede estar cambiando, pero de una manera general, los hombres y las mujeres todavía ven el dinero desde puntos de vista diferentes. Para la mayoría de los hombres, el dinero está vinculado con el ego, mientras que la mayor parte de las mujeres ven el dinero como una seguridad.

Debido a que su ego está involucrado, el ganar y gastar el dinero está muy vinculado con los sentimientos de autoestima de su esposo. Es más probable que los hombres y no las mujeres sean juzgados por el nivel de su carrera. En otras palabras, qué clase de trabajo tienen y cuánto dinero ganan. Incluso en hogares con ingreso doble, por lo general se espera que los hombres sean el principal proveedor.

Por otra parte, la mayoría de las mujeres no han sido adaptadas para ser "buenos proveedores". Cuando trabaja la esposa, no necesariamente siente la misma presión que su marido para ganar el salario más alto posible. Con mayor frecuencia que su esposo, es probable que se sienta inclinada a esforzarse por la satisfacción personal, en lugar de por un salario alto.

Debido a que su esposo depende mucho de su habilidad para ganar dinero, puede interpretar como una crítica, incluso su comentario más inocente, algo como "Hoy vi a Marilyn. Llevaba un anillo del tamaño de una montaña pequeña". Debido a que no puede comprarle esa clase de joya, puede reaccionar a la defensiva. Por ejemplo, podría decir que el

marido de Marilyn es un pelmazo o hacer un comentario general acerca de cómo las mujeres esperan que los hombres las atiendan. Si está preocupado por el dinero, puede no comunicarle sus preocupaciones, puesto que piensa que hablar sobre éstas con usted lo hará parecer débil. En lugar de comprender lo mucho que este asunto afecta el ego de su marido, quizá se enfade o se sienta rechazada cuando se topa con la renuencia de su esposo para hablar sobre sus sentimientos.

Si gana más dinero que su esposo, es vital que usted y él hablen de finanzas. Puede evitar el tema porque le preocupa que su éxito financiero intimide a su esposo, mas el silencio no ayudará. Por el contrario, alimentará el resentimiento y los malentendidos.

El dinero también puede ser una fuente de otros problemas en una relación. Por ejemplo, si usted y su esposo no saben cómo expresar los sentimientos cotidianos de irritación, dolor o frustración, el hecho de molestarse mutuamente debido al dinero podría llegar a ser una manera de liberar dichos sentimientos. En mi trabajo, encuentro que cuando las parejas continúan riñendo respecto a un tema particular sin resolución, su riña rara vez es acerca de ese asunto, sino que por lo general es por algo más. Si riñe en forma constante con su esposo por el dinero, pregúntese si tal vez algo más es el motivo. Por ejemplo, podría quejarse de la trivialidad de su marido, pero lo que en realidad le molesta es su falta de afecto hacia usted. Su desaprobación de que su esposo pague la cena con sus amigos podría ocultar sus sentimientos heridos porque él demuestra que le importan más ellos que usted.

Las reacciones de cualquier persona ante temas tales como religión, política y educación de los niños se basan en puntos de vista arraigados que aprendió cuando era joven. El dinero es otro de estos temas. Digamos que sus padres le enseñaron que salir a cenar era un desperdicio. Por otra parte, a la familia de su esposo le gustaba ir a todos los restaurantes

nuevos. A no ser que usted y su esposo reconozcan las diferencias entre las formas en que fueron educados y lleguen a algún acuerdo, discutirán cada vez que se presente el tema de comer fuera de casa contra comer en casa.

En este capítulo menciono algunos de los problemas más comunes que escucho por parte de las esposas acerca del dinero, junto con consejos específicos sobre cómo lograr que su esposo escuche lo que usted desea decir.

Es irresponsable

Cuando conoció a su esposo, es probable que su naturaleza espontánea o generosa la haya intrigado o entusiasmado. Tal vez él le dio muchos regalos, insistió en pagar la cuenta cuando usted salía a cenar con sus amigas y, en forma impulsiva, sugirió cosas tales como un paseo nocturno a Sedona para observar allí la salida del sol. Sin embargo, ahora hay cuentas por pagar y él todavía gasta dinero en juguetes para él o quizá para los niños. El comportamiento que alguna vez le pareció romántico, en la actualidad le parece irresponsable.

Con frecuencia, las esposas de estos maridos los encuentran divertidos y frustrantes en forma alternativa. Un día puede sentirse furiosa porque su esposo gastó la mitad de su sueldo en software para la computadora y al día siguiente, cuando sorprende a los niños con un cachorro de setecientos dólares, usted bromea con él diciendo que es un "niño grande".

Es evidente que se casó con una persona derrochadora. Si se casó con él convencida de que con el tiempo lo convertiría en un ahorrador, entonces, es usted quien tendrá que ajustarse a sus expectativas. Si usted y su esposo tienen dinero separado y él elige gastar el suyo en juguetes, permítale que lo haga.

Si él gasta dinero mancomunado, entonces, discuta sus preocupaciones con él de una manera calmada y sin juzgarlo. Si su esposo está acostumbrado a tomar sus propias decisiones, no aceptará con amabilidad que le diga que desaprueba de cómo gasta el dinero. Es probable que su esposo sienta que trata de acorralarlo y dictarle lo que puede o no puede hacer. Incluso, puede interpretar su desaprobación como desagrado. Su esposo será más abierto para adaptar su estilo de acuerdo con las necesidades de su matrimonio, si siente que usted lo ama, lo apoya y aprueba lo que hace.

Para algunos hombres, la idea de consultar con otra persona respecto a una decisión es una señal de debilidad. Se espera que los hombres sepan, se espera que tengan las respuestas; el hecho de consultar una decisión con otra persona significa que no tiene la respuesta. Por lo tanto, cuando usted le dice que desea hablar sobre dinero, él puede responder: ''Nunca discutí contigo lo que gastaba antes de casarnos, ¿por qué discutirlo ahora?'' Cuando responda, su mejor opción es hacer énfasis a la sociedad. Diga: ''El estar casados cambia las cosas. No tiene nada que ver con lo que compras. Es sólo que mi idea es que los compañeros en el matrimonio deben hablar entre sí sobre sus planes'''. Al decir lo anterior, reestrutura el dilema de su marido. En un matrimonio *se espera*, y es co-rrecto hablar sobre tales asuntos. Esto no implica de manera alguna que el hombre es débil.

Trate de fijar un límite a la cantidad discreta del ingreso que su esposo puede gastar. Él puede poner resistencia a su esfuerzo por dominarlo, pero dígale que no lo hace para tenerlo bajo su control, sino para poder *sentirse* más segura. El criticar a su esposo o el tratarlo como a un niño no dará resultado. Recalque el hecho de que se trata de su seguridad y no de que quiera controlarlo. Una vez que acuerden una cantidad, ya no toque el tema y demuestre entusiasmo cuando él lleve a casa su último juguete.

Si su esposo actúa con irresponsabilidad, gasta dinero que no tienen y desea que cambie, en ese caso, si usted cambia parte de su comportamiento, esto ayudará a enviarle un mensaje claro.

● Espere que sea responsable y háblele como si lo fuera. No se muestra divertida cuando actúe de manera irresponsable. Sea consistente.
● Sugiera que los dos se sienten y examinen sus finanzas. Dígale que para usted sería de utilidad comprender cómo se gasta su dinero.
● Si existen áreas en las que él es irresponsable y en las que usted no puede tolerar la irresponsabilidad (como pagar cuentas), diga: "Cuando no pagamos las cuentas a tiempo, me siento ansiosa". Dígale a su esposo que le gustaría encargarse de pagar la cuentas para mitigar su ansiedad (no para castigarlo).

Después de que usted empiece a pagar las cuentas, no hay motivo para más discusión. En otras palabras, tuvo dos opciones: no pagar las cuentas y sentirse ansiosa o pagar las cuentas. Eligió pagar las cuentas. El insistir en la incompetencia de él no dará resultado. Usted decidió lo que puede o no puede soportar. También es una buena idea dejar de hacer comentarios sobre el comportamiento irresponsable que no la afecta. Es probable que su esposo haya recibido atención toda su vida por ser incompetente o irresponsable. ¿Por qué no ser la primera persona en su vida que nota el comportamiento competente y lo aprecia? Ésta es la mejor manera de cambiar su comportamiento.

Tiene un arranque de cólera cuando compro ropa

Cuando estaba soltera, gastaba su dinero como quería; decidía cuánto dinero gastaría en ropa, vacaciones, ahorro, etcéte-

ra. Ahora que está casada, su esposo se queja cuando gasta dinero en ropa nueva, en que le arreglen las manos o en otro par de botas negras. El cambio de ser soltera y autónoma a estar casada y en una sociedad resulta difícil. Se dificulta encontrar el equilibrio entre ser una persona separada y ser una pareja en un matrimonio.

Uno de los primeros pasos para encontrar dicho equilibrio es observar cómo le habla su esposo acerca de sus hábitos para gastar.

● ¿La sermonea?
● ¿Exige que cambie?
● ¿La reprende como a un niño?

Si él hace alguna de estas cosas, es probable que usted no pueda escuchar su mensaje porque está demasiado ocupada reaccionando ante su actitud paternal. Hable con él con calma. Dígale que le gustaría sostener una conversación seria sobre el dinero, pero insista en que le hable como a un igual. Si él recurre a viejos hábitos, hágaselo ver de inmediato. Una vez que cambie su manera de comunicarse con usted, podrá discutir el dinero y llegar a algunas conclusiones o acuerdos.

Digamos que su esposo no se comunica en ninguna de las maneras mencionadas y, en cambio, la trata como a una adulta. En respuesta a sus preocupaciones sobre los gastos que usted efectúa, ¿hace algo de lo siguiente?

● Gasta más sólo por despecho y para que él sepa que no puede dominarla;
● oculta su ropa nueva o miente respecto a cuánto dinero gastó;
● hace pucheros y siente lástima de sí misma porque él la priva de ese placer.

Si responde a su esposo de esta manera, es tiempo que examine su comportamiento. Al reaccionar de esta forma, responde a su marido como si fuera una niña y él el único adulto. Puesto que el matrimonio es una sociedad, ésta no es una manera madura ni útil de responder. Significa que tiene dificultad para soportar su propio peso o que todavía no cambia sus prioridades para que vayan de acuerdo con su situación de mujer casada.

Trate de comprender por qué su esposo reacciona de la manera como lo hace. Tal vez está preocupado por el dinero o molesto porque ambos no ahorran más para su casa o anticipando tener un hijo. Quizá, no está seguro de su trabajo. El solo hecho de escuchar las preocupaciones de su esposo y apoyar sus sentimientos puede disminuir su ansiedad. Después de escuchar sus motivos de preocupación, él puede incluso conquistarla para que piense como él. De cualquier manera, actuarán como compañeros y no como adversarios.

Si piensa que lo que gasta en ropa está justificado y tiene la intención de continuar gastando la misma cantidad de dinero, dígaselo en forma directa a su esposo, como una persona adulta.

Si él es un ahorrador y usted una persona derrochadora, ahora que están casados, él puede estar tratando de que usted vea las cosas a su manera. En definitiva, existe una necesidad de llegar a un acuerdo sobre los gastos, pero no tiene que adaptarse a sus ideas de lo que es apropiado. Si está convencida de que gasta de una manera razonable (por ejemplo, en comparación con otras personas que tienen los mismos ingresos), no ceda.

● Infórmele que la ropa femenina cuesta.
● Llévelo de compras con usted. Al final del día, no sólo sabrá cuánto cuesta la ropa, sino que es probable que le

suplique que gaste más, para que no tenga que ir de nuevo de compras con usted.
● Pregúntele qué gastos desea disminuir de su parte.

Nunca me compra nada

Rara vez escucho que los hombres se quejen de que sus esposas nunca les compran nada. Por lo general, son las mujeres quienes desean regalos y quienes perciben los presentes como símbolos de amor. Su esposo puede estar locamente enamorado de usted, pero también le interesan su trabajo, el tenis y jugar al póker con los amigos. En lo que a él concierne, todo está muy bien en casa. Ahora que están casados, él supone que ya no necesita comprarle regalos. Usted debe saber que la ama, ya que después de todo, lo atrapó. Si su marido la descuida porque es distraído, entonces, un simple recordatorio amable servirá. No obstante, es muy probable que usted haya estado asediando por algún tiempo a su marido para obtener una muestra de su afecto y no haya logrado nada.

Muchas parejas insisten mucho en los regalos. Es factible que usted se queje en vano. Su marido continúa olvidando o, sencillamente, ignora su petición, lo que la hace sentirse todavía más enfadada y rechazada. Con el tiempo, el hecho de pedir y no recibir un simple regalo se convierte en el símbolo de toda su relación.

El problema es que a su esposo no le gusta más que a usted que le digan qué hacer. Esto lo hace sentirse inadecuado y enfadado. Si recuerda una y otra vez a su esposo que nunca le compra nada, él escuchará esto como una reclamación y pondrá resistencia.

La independencia es un ingrediente importante en cualquier relación. Incluso si su esposo está loco por usted, aun así necesita sentirse independiente. El molestarlo para que le

compre algo para demostrar lo mucho que la ama lo hará sentir que lo *obliga* a que usted le importe. Cualquier sentimiento natural y amoroso que él tenga empezará a desvanecerse y él se apartará.

Si ha estado asediando a su esposo para que le demuestre lo mucho que la ama comprándole un regalo, es contraproducente que continúe quejándose. Ahora, incluso si su esposo de manera espontánea piensa comprarle un regalo, es probable que no lo haga porque eso lo haría sentir que está cediendo. Posiblemente decida esperar hasta que usted no mencione el tema por un tiempo, para que en verdad pueda ser su idea, ¡pero es factible que usted nunca espere el tiempo suficiente! ¡Esta clase de retraimiento puede continuar por siempre!

No puede obligar a su esposo a ser generoso, pero puede lograr que el hecho de que él le regale algo parezca una proposición atractiva. Éstas son algunas sugerencias que podría intentar:

- Deje de exigirle regalos y no se queje porque nunca le compra nada.
- Dígale lo mucho que significa para usted cuando él hace algo por su persona, sin importar lo pequeño o egoísta que parezca.
- Note otras formas en las que su esposo le da algo y coméntelas de manera positiva. Diga: "Gracias por escucharme anoche. Ése fue un verdadero regalo y me ayudó mucho".

Digamos que recuerda veinticinco veces a su esposo que nunca le compra nada. Un día él le compra algo y usted descubre que experimenta sentimientos encontrados. Está feliz porque al fin le compró algo, pero después se enfada porque está segura de que sólo lo hizo para hacerla feliz o, peor aún, porque usted insistió. Su esposo capta de inmediato su ambivalencia y siente que no puede ganar.

Tal vez hay cierta verdad cuando su esposo siente que no puede ganar. Si usted se queja y después no toma en cuenta los esfuerzos que hace su esposo, es una buena idea que examine su propio comportamiento. ¿Está siempre desilusionada? ¿Logra encontrar algo malo en los intentos de su esposo por agradarla? Por ejemplo, el regalo no es lo que usted deseaba, las velas en la mesa no eran a lo que se refería cuando le dijo que deseaba una noche romántica y si su esposo en verdad deseara *agradarla* sugeriría París en lugar de las Bahamas para ir de vacaciones.

Si éste es el caso, quizá sus expectativas sencillamente son demasiado grandes. Pensar que su esposo nunca está a la altura es una manera de mantener la distancia y evitar la intimidad. Haga un esfuerzo coordinado por reconocer los esfuerzos de su esposo. ¡Puede incluso dar el primer paso y sorprenderlo con un regalo! Después de todo, no existe mejor manera de enseñar que no sea a través del ejemplo.

Toma decisiones financieras sin consultarme, porque todavía me considera la joven ingenua con quien se casó

Cuando se casó, el tener a alguien que la cuidara quizá la hizo sentirse segura y amada. Sin embargo, ahora alcanzó su mejor nivel en el trabajo o toma parte en las actividades de la comunidad o de las escuelas infantiles. Ha madurado y obtuvo mucha seguridad, quizá hizo más amigos. No obstante, se siente bloqueada cuando trata de afirmar esta independencia recién adquirida y la madurez en su matrimonio. Desde su punto de vista, el problema es que su esposo no ha cambiado con usted; todavía la considera una joven ingenua.

A pesar de que usted desea que su relación cambie, debido al hábito o a la ansiedad, puede estar enviando mensajes conflictivos a su esposo. Por ejemplo, cuando él habla sobre su seguro de vida, cuentas bancarias, acciones, etcétera, ¿muestra usted desinterés al no prestarle toda su atención o al cambiar el tema? ¿Dice cosas similares a las siguientes?

● ¿Por qué no te encargas de eso, cariño? No entiendo cómo hacerlo.
● Me da mucho gusto tenerte para atender ese asunto.
● Sabes que odio ir al banco.

Si estos comentarios le suenan familiares y, aun así, le preocupa cómo la trata su esposo, entonces, le está enviando un mensaje confuso. Si desea que ya no la trate como a una niña, es importante que actúe como una mujer. Algunas mujeres creen que si pueden hacer cosas por sí mismas, los hombres las considerarán agresivas. Temen que sus esposos no se sientan necesitados o fuertes y que busquen a otra mujer (impotente) a quien amar. Sugeriría que dé a su esposo más crédito que ése. Mientras más se sienta a cargo de su vida, se sentirá menos dependiente de su marido. A pesar de que su esposo puede oponerse de alguna manera a su independencia, a la larga, es la manera más sana para sostener una relación.

Si su esposo todavía la considera una niña, trate de cambiar su comportamiento.

● No dé a su esposo un papel paternal al pedirle constantemente consejo o permiso para asuntos que usted puede atender.
● Esté al tanto de sus inversiones. Haga preguntas específicas. Tome notas para no hacer la misma pregunta.
● Forme opiniones propias acerca de los tipos de inversiones que prefiere. Por ejemplo, ¿prefiere las inversiones riesgosas o las seguras?

Su esposo puede poner resistencia ante su nuevo comportamiento o hacer comentarios tales como:

● Permite que yo me encargue de esto.
● No tengo tiempo para enseñarte. Me resulta más fácil hacerlo.
● Es demasiado complicado.
● Yo velaré por ti.
● Estoy haciendo un buen trabajo. ¿Por qué perturbar la armonía?

Sea amable, pero firme, respecto a querer saber lo que sucede con sus finanzas. Diga: "Sé que tienes en mente nuestros mejores intereses, pero somos un equipo. Creo que es bueno compartir las responsabilidades y el conocimiento". No acepte no por respuesta.

Si su esposo insiste en mantener el control, dígale que eso es inaceptable para usted. Diga: "Lamento si esto te resulta difícil, pero también es mi futuro. Aunque no me agrada pensar en eso, algo podría sucederte y si así fuera, estoy segura que no desearías que tuviera muchos tropiezos y estuviera a merced de otras personas. Necesito entender nuestras finanzas".

Insista y sea consistente. No retroceda hacia un patrón dependiente si se siente ansiosa. Sólo diga: "Estoy ansiosa por nuestras acciones IBM" o "Estas tasas de interés están acabando con nuestros ahorros", sin implicar que su esposo debería hacer algo al respecto. Con el tiempo, su cónyuge cederá y, algún día, incluso llegará a apreciar el compartir con usted sus impresiones respecto a las finanzas.

Gano más dinero que él, lo cual parece enfadarlo

Muchas mujeres que ganan más dinero que sus esposos dicen con rapidez (con demasiada rapidez) que la situación es por

completo cómoda para ellas. En ocasiones, ésta es una respuesta defensiva. Tal vez sus amigas se muestran escépticas y las presiona para que confiesen que es difícil cambiar papeles. Con frecuencia, las mujeres todavía se sienten con "derecho" a que velen por ellas. Cuando esto no sucede, es probable que surja algún resentimiento, incluso si piensan que están liberadas. Inclusive las parejas que han llegado más allá de los papeles de género prescritos y se sienten ciento por ciento cómodas con sus situaciones no pueden evitar estar conscientes de los prejuicios que tienen otras personas.

Antes de que hablemos sobre cómo manejar la respuesta de su esposo a este asunto, vamos a asegurarnos de que no le esté enviando un mensaje confuso.

Cuando su esposo habla sobre su trabajo, ¿hace usted algo de lo siguiente?

- Hace comentarios añorantes acerca de no poder visitar de nuevo Hawai este año;
- se pone impaciente;
- le dice qué hacer;
- dice: "¡Yo no permitiría que mi jefe me presionara de esa manera!"

Si algo de esto le suena familiar, es probable que esté guardando resentimiento acerca de su situación. En ese caso, es factible que dé a su esposo la impresión (palabras en contra) de que no lo respeta.

Es importante que evalúe de nuevo sus objetivos y sentimientos. Para volver a valorar lo que en verdad es importante, recuerde que el matrimonio es una sociedad. Esto significa que los dos cónyuges desean hacer lo necesario para lograr que la sociedad funcione. Observe de nuevo a su esposo y recuerde las cualidades por las que se casó con él. Si usted no es feliz con su trabajo, discuta con él la posibilidad de cambiar de

empleo. Si disfruta su trabajo, aprecie que le pagan bien por llevarlo a cabo.

También hable con su esposo sobre sus sentimientos. Muchas mujeres que ganan más dinero que sus maridos dejan a un lado sus propios sentimientos por temor de que al expresarlos hieran los egos ya lastimados de sus esposos. Sus sentimientos también son importantes, asuma que su esposo puede comprenderlos. Si piensa que su esposo no aprecia sus esfuerzos, dígalo. Si tuvo una experiencia positiva con el presidente de la compañía, informe a su esposo sobre esto. No oculte su entusiasmo, ya que esto sólo ocasionará resentimiento.

Digamos que se siente cómoda con su situación y su esposo pasa por un momento difícil. A pesar de que los tiempos están cambiando en definitiva, por lo general todavía se asume que los hombres ganan más dinero que sus esposas. Tal vez su esposo se sienta vacilante y avergonzado por su situación confusa. Después de todo, no está viviendo de acuerdo con su punto de vista sobre lo que se espera de los hombres. Su incomodidad puede salir a flote de muchas maneras. Aunque usted hable sobre esto y él le asegure que está bien, aun así puede acumular resentimiento o sentimientos de insuficiencia. ¿Su esposo hace algo de lo siguiente?

- Hace bromas despectivas acerca de que usted "lleva los pantalones" en la familia;
- parece derrotado;
- se niega a hablar sobre el dinero;
- encuentra formas para criticarla;
- actúa avergonzado con sus amigos cuando hablan de dinero.

Tal vez su incomodidad surge cuando usted discute asuntos tales como vacaciones, comprar ropa o salir a cenar con amigos. Su esposo puede ponerse tenso o evitar discusiones

sobre tales temas porque no se siente cómodo gastando "su" dinero. Es esencial que usted y su esposo discutan este asunto; evitar el tema sólo lo empeorará. Por otra parte, no presione a su esposo para que revele sus sentimientos íntimos y frágiles, si él pone resistencia. Discutir el mecanismo del problema dará resultado, no es necesario que su esposo se sienta todavía más vulnerable o derrotado al tener que expresar sentimientos de ineficacia.

A continuación doy algunas sugerencias sobre cómo convertirse en un equipo:

● Aclare que tienen una sociedad.
● Pregunte a su esposo lo que piensa acerca de las vacaciones.
● Comente sobre situaciones que resultan incómodas, en lugar de fingir que no sucedieron. Por ejemplo, diga: "Brad fue un verdadero pelmazo al preguntar si yo había pagado tu coche nuevo".

Está preocupado por su trabajo, pero no puedo lograr que hable sobre eso

Aunque usted puede desear hablar sobre los aspectos dolorosos de su vida, es probable que su esposo no lo desee. Por lo general, no es algo natural para la mayoría de los hombres expresar sus inquietudes o preocupaciones. Muchos prefieren apartarse de otras personas y tratar de encontrar por su cuenta una solución. A menudo, el hablar sobre un problema hace que un hombre se sienta peor.

Asuma que su esposo hablará de vez en cuando sobre su trabajo, una vez que haya tenido la oportunidad de meditar a solas su situación. No se impaciente y espere que actúe como usted lo haría en la misma circunstancia. Cuando lo presiona

para que hable antes de estar listo, esto ocasiona un alejamiento mayor, ira y resentimiento. En cambio, trate de seguir las estrategias siguientes:

● Proporcione a su esposo el espacio que necesita. Deje de hacer preguntas y exigirle que hable con usted sobre su trabajo.
● No asuma que debido a que su esposo no le habla acerca de sus preocupaciones en el trabajo, está solucionando el problema. En la mayoría de los casos, lo que en realidad sucede es que está enfrentando el problema, pero a su propia manera.
● Hable acerca de sus propias preocupaciones con algunas amigas íntimas. De esta manera, podrá satisfacer su necesidad de expresar sus sentimientos respecto a cómo el problema de trabajo de su esposo la afecta y dé a su esposo el tiempo que necesita para explorar el problema a su manera, sin que usted lo presione.

Mientras tanto:

● No haga comentarios sarcásticos sobre finanzas.
● No inicie una riña por algo más y, después, haga comentarios sobre su trabajo.
● No se permita expresar su ansiedad en forma constante. Trate de contenerla o hable con otra persona.
● Continúe con sus tareas de cuidar a los niños, hacer su propio trabajo y visitar amigas.

Cuando su esposo salga de su reclusión y le comunique algún plan que preparó para aliviar la tensión en el trabajo, no lo castigue por haberse retraído apartándose de él. Al aceptar que su esposo tiene una manera diferente de enfrentar los problemas, le demuestra respeto y le proporciona apoyo.

Si a medida que transcurre el tiempo, la situación empeora y piensa que su esposo podría perder su empleo o siente que ésta bastante deprimido, diga: "Me preocupa nuestra situación. Sé que es difícil, pero me gustaría que dedicáramos algún tiempo a hablar sobre nuestros sentimientos y opciones. Si en este momento no es oportuno hacerlo, ¿cuándo podemos hablar?"

Muestre empatía, pero sea firme. Enfatice que son un equipo y que necesitan colaborar juntos para solucionar el problema. Sea práctica y diga: "Sé que resulta difícil hablar; sin embargo, es el momento de que hables con alguien. ¿Qué tal Fred? Él cambió de trabajo el año pasado. ¿O qué tal si hablas con un asesor de trabajo profesional?

Si aún se niega a hablar, dígale que necesita respuestas para algunas preguntas importantes, tales como, ¿cuánto dinero tienen?, ¿cuánto tiempo durará? y ¿cómo pueden disminuir los gastos aún más? Necesita que discuta estas preguntas y no acepte un no como respuesta. Cuando su esposo comprenda que lo apoya y que necesita información, no necesariamente una efusión de sentimientos, podrá responderle mejor. Es factible que más adelante exprese los sentimientos.

Cuarto punto problema:
Sexo

Los hombres rara vez son complicados cuando se trata del sexo. Por otra parte, las mujeres lo son en grado extremo. En definitiva, los hombres tienen sus ansiedades, pero se enfocan más en el logro y actuación. En contraste, las mujeres vinculan sus emociones con el acto sexual. Es más probable que usted y no su marido confieran al sexo visos de amor, romance y aceptación.

Sin importar el estado de ánimo de ustedes dos (incluso si están enfadados o distanciados), su esposo puede mostrar interés en el sexo. Cuando tenían citas, es probable que este comportamiento particular le pareciera romántico, ya que pensaba que significaba que no se saciaba de usted. En la actualidad, tal vez piense que esto no tiene nada que ver con usted. ''Él sólo quiere sexo'' es un comentario que escucho de muchas mujeres. Para muchas esposas, esto resulta extraño o, incluso, desagradable; no obstante, para su esposo es perfectamente natural. A pesar de que quizá su marido está de acuerdo

con usted acerca de lo que es el romance, no necesita que éste último sea parte de su sexualidad. En realidad, a muchos hombres les gusta tener sexo, al menos parte del tiempo, sin ninguna manifestación de romance. Es entonces cuando aluden a los tacones altos y canesús de piel. Por otra parte, sus esposas tienen sexo tanto por los abrazos, besos y mimos, como por el acto sexual en sí. Esto puede ser una diferencia biológica, pero resulta difícil tenerlo en mente cuando se siente incomprendida y su esposo se siente rechazado. Si cada uno de ustedes ve el sexo sólo desde su propia perspectiva, es probable que ambos se sientan confundidos, heridos y enfadados.

Cuando dice no al sexo, puede ser debido a una variedad de motivos (tiene náuseas, está cansada, está enfadada, no está de humor). Todos éstos son motivos totalmente válidos; sin embargo, para muchas mujeres, decir no es incómodo. A algunas mujeres se les dificultad exaltar sus propios sentimientos, por lo que decir no se traduce en privar a sus esposos. Pudiera ser que accediera porque siente que debe hacerlo, ya que no desea herir los sentimientos de su esposo o porque le preocupa que la deje si no consiente. También, si es tímida o su autoestima sexual es baja, puede sentirse incómoda al pedir a su esposo que satisfaga sus deseos sexuales tanto como los propios. Su comportamiento podría resultar confuso para su marido. Podría sentirse insatisfecho con el sexo, al comprender que usted lo hace por él y quizá no sepa cómo agradarla. Así mismo, él podría no comprender la psicología de usted y, sencillamente, interpretar su "SÍ" tímido por un "¡SÍ!" entusiasta. Existe incluso la posibilidad de que él aliente su inseguridad al implicar que debería ser una compañera anhelante siempre que él está de humor.

A nadie le gusta sentirse frustrado o rechazado en ningún área, aunque esto es de manera especialmente cierta respecto al sexo. Tener sexo es un acto de vulnerabilidad. Literalmente

(por lo general) está desnuda con alguien y también lo está emocionalmente, abierta a ser herida en forma profunda. Usted y su esposo pueden resultar heridos, si no llegan a un acuerdo respecto a decir que no. Si estaban acostumbrados a hacerlo como conejos, cuando estuvieron juntos al principio, tienen que ajustarse al hecho de que dos personas no siempre desean tener sexo al mismo tiempo. Este tema necesita discutirse con sensibilidad. Por desgracia, al principio de su relación quizá solucionaron las discusiones al tener sexo apasionado, pero, en la actualidad, es más probable que el sexo ocasione una discusión.

Pudiera ser que discutan porque nunca hay tiempo suficiente. Es factible que él desee tener sexo rápido antes del trabajo; sin embargo, usted todavía está dolida por la discusión de la noche anterior. Tal vez él desee hacerlo en el momento más inoportuno, cinco minutos antes que los niños lleguen a casa de la escuela. Cuando usted dice que no, él se queja porque no es la misma mujer con quien se casó. Usted responde que él ya no le compra flores y, además, sólo piensa en sí mismo cuando se trata de sexo, por lo tanto, ¿por qué molestarse?

Si usted responde que no con demasiada frecuencia, es probable que evite el sexo debido a ira, desilusión o resentimiento por otros asuntos maritales. El sexo es un arma poderosa para usarla en una relación y, algunas veces, resulta demasiado tentador para alguno de los cónyuges utilizarlo como una manera de expresar ira. Si está muy ocupada, también resulta tentador poner el sexo después del trabajo, los niños y aspirar la alfombra, mas esto no es sabio. Para permanecer cerca de su esposo y tener una relación *marital* y no *platónica*, tiene que comunicarse respecto al sexo y trabajar para mantener su vida sexual interesante y activa.

Si usted y su esposo desarrollan un problema sexual (sucederá a muchos de ustedes durante su matrimonio), es esencial que lo discutan. Quizá sienta que tiene que tener

mucho tacto para proteger el ego frágil de su esposo, pero debe hacerlo. Es verdad que los hombres son sensibles respecto a su sexualidad, pero también lo es usted. Por supuesto, los hombres son más vulnerables. No pueden ocultar si tienen un problema de desempeño, de la misma manera como con frecuencia pueden hacerlo las mujeres, aunque un hombre sensible captará de inmediato si usted finge. Si se siente demasiado avergonzada para hablar sobre sus propios sentimientos, en relación a un problema *que está teniendo* o si no reconoce un problema que su marido tiene, puedo garantizarle que dicho problema sólo empeorará. Su desempeño sexual o el de su esposo sufrirán y uno de ustedes o ambos empezarán a apartarse.

Sé que no resultará fácil hablar de sexo. En nuestra cultura, la mayoría de las personas no han aprendido a hablar sobre sexo con el sexo opuesto. Tal vez pueda hablar con mayor facilidad con una amiga acerca de sus problemas sexuales, que compartirlos con su esposo. Su marido puede saber cómo ''hablar entre amigos'' de sexo, mas no tiene idea de cómo tocar este tema con su esposa. De esto trata este libro: ayudar a su esposo y a usted a hablar entre sí sobre los temas importantes. Una vez que ambos empiecen a hacerlo, resultará más fácil con el tiempo.

En este capítulo leerá sobre lo que a las esposas les resulta más difícil hablar con sus esposos, cuando se trata de sexo, así como algunas sugerencias sobre cómo discutir estos temas con su marido.

Desea hacerlo todo el tiempo

¿Su esposo se lo pide continuamente porque usted responde que no siempre? Es probable que ahora espere que él ''exija'' sexo y en forma automática responde que no cuando su esposo

lo pide. Es el momento de examinar su propio c[...]
to y saber qué mensajes envía a su marido. [...]
sexualmente porque está enfadada debido a que[...]
le presta la atención suficiente, mira siempre a [...] ujeres
o no saca la basura como se supone debería hacerlo, es su
responsabilidad romper el hielo y hablar con él sobre lo que
sucede.

Si siente que no es culpable de negarse y no comunicarle
el motivo a su esposo, el siguiente paso es examinar el comportamiento de él. ¿La sigue por la casa pellizcándole el
trasero, soplándole en la oreja y le salta desde detrás de la
puerta de la ducha? ¿Lo haría él cinco veces al día, si usted
accediera? Si éste es el caso, informe a su esposo qué cantidad de sexo resulta cómodo para usted. Si de manera constante se encuentra en la posición de decir que no, su esposo puede
sentir resentimiento hacia usted y quejarse de que controla sus
impulsos sexuales o de que le evita el placer. Es mucho mejor
decir: ''Me gusta tener sexo dos veces a la semana. Estoy dis-
puesta a tener un poco más de sexo, mas no tres veces al día''.
De esta manera, su esposo tendrá una noción clara y no tendrá
que continuar pidiéndoselo. Si continúa insistiendo, puede
repetir lo que ya le dijo. Ésta es una buena forma para dejar de
sentirse culpable de decir no.

Es factible que su esposo no desee hacerlo todo el tiempo, sino que desee hacerlo en el momento *inoportuno* para
usted. Ayúdelo: infórmele cuándo *desea* tener sexo. ¿Temprano por la mañana? ¿Ya avanzada la noche? Dígale también
cuándo no desea tener sexo. ¿Cuando esperan que los niños
lleguen a casa en cualquier momento? ¿Cuando está exhausta?
¿Cuando habla por teléfono con su madre?

No deje que su esposo sea quien elija el momento ade-
cuado para usted, acérquese a él cuando le apetezca. Si su
marido se ha hecho cargo por completo de lo relativo al sexo,
es probable que usted no sepa cuándo desea tener sexo, puesto

que ha estado muy ocupada manteniéndolo a raya. Pídale que le proporcione espacio para respirar y por qué debe hacerlo. Sea honesta. Sólo entonces podrá empezar a prestar atención a sus propias señales respecto al sexo.

Esté preparada a esperar un período inactivo mientras alcanza su propio ritmo sexual. Si es necesario, aclare con su esposo que necesita tener un control igual por un tiempo o, incluso, un control total, sobre cuándo tener sexo. Esto será difícil para él; sin embargo, es esencial, si ambos desean volver a acoplarse sexualmente.

Si intenta todo lo anterior y su esposo todavía no acepta un no como respuesta, analice qué tan explícita ha sido. ¿Le envía mensajes dobles? Si no es clara respecto al sexo, quizá dice que no de una manera tan tímida, que su esposo lo capta como un sí. Si cede cuando no desea tener sexo y después de decir no varias veces, entonces, siéntase culpable, pues su marido puede estar confundido respecto a su mensaje. ¡Podría ser que en realidad lo esté entrenando para que lo pida repetidamente, porque sabe que siempre accede después de dos negativas!

No es lo suficientemente romántico para mí

Al principio de su relación, tal vez su esposo le dijo que era muy hermosa y que deseaba hacerle el amor de quince maneras diferentes. Es probable que él esparciera pétalos de rosa sobre la cama, que le ofreciera champaña e, incluso, le escribiera uno o dos poemas. Es factible que la llevara a un restaurante romántico y a dar un paseo por la playa antes de hacer el amor junto a la chimenea, por supuesto. En la actualidad, él le agarra el trasero o el busto, lo oprime y dice: "Vamos a hacerlo". Tal vez, ni siquiera dice: "Vamos a hacerlo", sino que por la mañana sólo se rueda hacia su lado de la cama y actúa.

Si su esposo siente un impulso sexual, es posible que lo siga. El sexo conciso, sin cosas superfluas, a menudo es excelente para él. Puede sentir que usted está tensa si continúa negándose o si se siente insultada. Piensa que usted tiene un problema. En realidad, en lugar de comprender lo que desde el punto de vista de usted le falta a su sexo, puede enfadarse porque se aparta de él o siente que trata de controlarlo al obligarlo a que cada encuentro sexual sea romántico.

Tal vez, usted acepte las relaciones sexuales apresuradas, si están equilibradas por el romance en otras ocasiones. Diga a su marido lo anterior. De esta manera, reconoce sus sentimientos y los propios al mismo tiempo. A la mayoría de los hombres también les gusta el romance, mas ahora que la etapa del "cortejo" terminó, tal vez a su esposo no se le ocurra con demasiada frecuencia ser romántico. Mientras no piense que usted está siendo exigente, es probable que acceda a tener sexo romántico con usted.

A nadie le agrada sentir que está siendo controlado, incluyendo a su esposo, por lo tanto, ahora es un buen momento para valorar su propia motivación. ¿Está siendo exigente con su esposo? ¿Está colocando sus propias barricadas para evitar intimidad? Muchas mujeres que se sienten incómodas con el sexo dicen con frecuencia: "No es lo suficientemente romántico para mí", para mantener a distancia al esposo.

Si asumimos que es sincera respecto a desear más romance y lo recibe de buen agrado, recomiendo que ayude un poco a su esposo. No importa si le compró flores hace diez años y debería saber que eso es lo que a usted le gusta. Diga a su marido con exactitud lo que desea, ya sean flores, una hora de charla o algunas fresas equilibradas sobre el ombligo. No espere que él piense en todo.

Si su esposo se esfuerza por crear romance, digamos que coloca bien las fresas, pero aún no es lo que usted espera, déle un respiro. El viejo dicho acerca de atraer más moscas con la

miel que con el vinagre en definitiva es apropiado aquí. Concéntrese en su intento; él apreciará el reforzamiento positivo y en forma gradual hará más de lo que a usted le gusta, por cuenta propia. Si critica su intento y él empieza a pensar que lo que hace nunca es bastante bueno, que siempre escucha "Sí, pero...", cesará de intentar agradarla.

No tiene que dejar en manos de su esposo que se encargue de que el sexo sea romántico. Usted también puede tomar la iniciativa. Pregúntele lo que él piensa que es romántico. En seguida, inclúyalo en un plan para una noche o tarde romántica. El planearlo también puede resultar excitante. Cuente a su esposo sus fantasías románticas; no lo obligue a adivinar cuáles son. ¿Y si es tímida? Quizá espere que su esposo actúe de una manera no habitual y haga cosas que también le hacen sentir timidez. Lo justo es justo. Es factible que su esposo esté muy entusiasmado y deseoso de ayudarla a experimentar sus fantasías, si las comparte con él.

En ocasiones, el perder el romance en una relación conduce a la apatía por parte de ambos. Quizá, cada uno de ustedes se siente seguro del otro. Es probable que ninguno de los dos se esfuerce ya por agradarse mutuamente o para lograr un momento especial para ambos. Si éste es el caso, su vida sexual puede llegar a ser aburrida. Tome la iniciativa y sorpréndalo con un día de campo romántico en una playa apartada, con una noche en un agradable hotel o con un paseo por el vecindario, tomados del brazo, en lugar de encender el televisor.

Si ha tratado de que el sexo sea romántico y su esposo no capta este hecho, quizá ponga resistencia por otros motivos. Si usted se queja demasiado por la falta de romance en su relación, quizá se encuentre en el punto donde "ceder" ante usted para él significa perder prestigio.

Todos somos vulnerables sexualmente. Si ha hecho que se sienta inadecuado, en lugar de que sienta que confabula con usted, puede tener dificultad para actuar o evitará el sexo

con usted para evadir el peligro. Permítale tomar el control de nuevo. Si no han tenido sexo para nada, entonces, el volver a tener por un tiempo la clase de sexo con la que él se siente cómodo puede ser necesario para ayudarlo a recuperar la seguridad.

Tenemos que hacer una cita para tener sexo

Tiempo atrás, podían tener sexo en cualquier parte, en cualquier momento y quizá así lo hacían. No tenían que preocuparse porque los niños entraran mientras ustedes encontraban una nueva manera de utilizar la mesa de la cocina, la alfombra de la sala o las hamaca del patio trasero.

En la actualidad, con los niños, el trabajo y todas las demás obligaciones, usted y su esposo rara vez encuentran tiempo para ser espontáneos. En cambio, mientras cocina la cena, su esposo dice: "¿Qué tal esta noche, después que los niños estén dormidos y el juego de los *Knicks* termine?" Si esta proposición la hace sentir que usted y los *Knicks* compiten y usted pierde, no es probable que la abrume la pasión. Podría responder: "Tengo que arreglarme las manos. ¿Qué tal después que se sequen mis uñas?" En lugar de escuchar su sarcasmo, su esposo podría responder con un sí. Esto no significa que él también no eche de menos los viejos tiempos, sino que puede sentirse más cómodo conformándose con lo que tiene disponible. Es probable que no sienta tanto como usted que algo falta.

Comunique sus sentimientos a su esposo, no con enfado o de una manera acusatoria, sino como a un compañero. "Siento como si tuviéramos que hacer una cita para tener sexo. Extraño los viejos tiempos". Déle la pauta para que discuta lo que opina al respecto y, quizá, ambos puedan hacer un esfuerzo por disfrutar de nuevo del sexo espontáneo. Si su esposo sabe

que lo extraña sexualmente, existe la posibilidad de que se esfuerce más por complacerla.

Si en verdad lo intentan, todavía podrán encontrar tiempo para probar ese nuevo sofá en la sala (nada más asegúrense de que los niños estén en la escuela). En lugar de verlo como si hicieran una cita, ¿por qué no verlo como si compartieran un secreto? Cuando ambos sepan que algo divertido y excitante sucederá dentro de unas horas, será una buena manera de estar cerca y ser amorosos.

Por supuesto, el tener que hacer una cita para disfrutar el sexo tal vez no sea lo que en verdad la inquieta. ¿Siente que en su relación faltan otras cosas tales como el romance o la compenetración en general. Para ser más precisos, ¿siente que su esposo ya no tiene tiempo para usted o que preferiría hacer otras cosas? ¿Resiente el poco tiempo que tiene para sí misma y para su vida sexual? ¿Usted y su esposo han perdido el contacto mutuo?

Su esposo pudiera no tener idea de que estas cosas la inquietan. Debido a que usted no se lo ha hecho notar, él piensa que todo está bien. Si espera que capte las sutilezas de sus sentimiento, ahórrese tiempo y sentimientos heridos y dígale lo que sucede. Sea específica y directa. Diga:

● Deseo que seas más atento conmigo.
● Salgamos a cenar el viernes por la noche, sólo tú y yo.
● Te extraño.

No diga:

● Ya no tienes tiempo para mí.
● Supongo que si tuviera la apariencia de Madonna, encontrarías más tiempo para estar conmigo.
● No te importan mis sentimientos.

Quizá sea tan culpable como su esposo de descuidar el lado sexual de su matrimonio. Trate de abalanzarse sobre su esposo cuando salga de la ducha o, mejor aún, entre en la ducha con él.

Él no me satisface

¿Siente que su esposo debería saber con exactitud lo que a usted le agrada sexualmente? ¿Alguna vez ha pronunciado una palabra acerca de lo que la excita o ha indicado que lo que recibe no es lo que desea? Si no lo ha hecho, ¿aun así culpa a su esposo de su falta de placer? Los hombres rara vez responsabilizan a las mujeres de su placer y tampoco esperan que adivinen. Saben lo que les gusta y casi siempre tratan de conseguirlo. No obstante, las mujeres con frecuencia depositan en su pareja la carga de averiguar lo que les agrada sexualmente. Si al igual que algunas mujeres, al principio de su relación dominó sus propias necesidades sexuales debido al deseo de complacer a su pareja, su esposo se sentirá incluso más confundido. No sólo no sabe lo que usted desea, sino que opera bajo el mito de que todo lo que usted hace para *él la excita.*

Si es tímida en lo relacionado con el sexo, es factible que culpe a su esposo por no satisfacer sus necesidades. Sin embargo, no puede esperar que él, sin importar cuánta experiencia tenga, sepa cómo satisfacer sus necesidades sexuales sin que lo ayude con algunas indicaciones. Responsabilícese de su propio placer. Informe a su esposo lo que le gusta y pídale que lo haga o hágalo usted misma si puede. Si él no lo capta, demuéstreselo. ¡Cuando él lo logre, dígaselo!

Si en el pasado, su esposo ha tratado de hacer lo que a usted le gusta y lo ha criticado, podría no desear intentarlo de nuevo. Puede ser que a él no le guste lo mismo que a usted le agrada. De la misma manera como su esposo no debería

obligarla a hacer algo que usted no desea hacer, usted tampoco puede forzarlo para que le guste determinado acto sexual.

Si ha informado a su esposo lo que le agrada y, aún así, él insiste en hacerlo a su manera, entonces, dígalo de nuevo. Mientras tanto, consideremos algunos motivos por los que él podría no desear hacer lo que usted desea. ¿Es tímido? ¿Teme hacerlo mal? Algunos hombres insisten en tener sexo a su manera porque, al igual que usted, se sienten nerviosos acerca de su desempeño o de parecer ineptos.

Algunas personas, ya sean hombres o mujeres, son egoístas sexualmente. Su esposo no la complace porque trata de complacerse a sí mismo, infórmele que el juego terminó. Si es necesario, deje de hacer lo que resulta agradable sólo para él, hasta que actúe de una forma recíproca. Aliéntelo mucho cuando la haga sentir bien y, con el tiempo, eso también le causará placer.

Le gusta el sexo sucio, a mí me gusta limpio

Digamos que después de tres arduos y sudorosos partidos de tenis, llega a casa, se quita la ropa y se dirige a la ducha. En el camino, su esposo se abalanza sobre usted e insiste en que tiene que poseerla en ese *momento*. Peor aún, quizá él llega a casa goteando sudor después de su juego de tenis y empieza a frotarse contra su cuerpo limpio.

Los hombres y las mujeres son sensibles a los olores, ¡aunque parecen ser sensibles a variedades diferentes! Lo que excita a su esposo (el cuerpo sudoroso de usted o su propio cuerpo sudoroso junto al suyo) tal vez no la excite a usted. No obstante, si sugiere que su Tarzán tome una ducha, él se enfada. "¿Dónde está la espontaneidad?", podría preguntar él, o "¿Qué mal hay en un poco de sudor?", o incluso "Me gusta cómo hueles".

¿Cómo decir de la manera más amable que su sudor no la excita? Incluso, puede decir a su esposo que es problema de usted, lo cual es verdad. Este asunto no es correcto ni equivocado, sino sólo una cuestión de preferencia. Si el sudor o los olores la desalientan, sea franca al respecto. Es mejor decir lo que siente, que continuar y tener sexo sin disfrutarlo.

Una manera agradable para solucionar este dilema es sugerir que usted y su esposo tomen juntos una ducha. Aun si él nota esta artimaña, es probable que no se queje, puesto que tomar juntos una ducha resulta divertido.

La reacción a los olores es instintiva y no podemos dominar nuestras reacciones. No obstante, hay otras preferencias que usted y su esposo tienen, las cuales quizá puedan experimentar de una manera más abierta o llegar a un acuerdo. Por ejemplo, es probable que a usted le guste hacer el amor en la oscuridad, mientras que su esposo prefiere hacerlo a plena luz del día, con las ventanas abiertas y mientras el señor Smith poda el seto en la casa vecina.

Tal vez a usted le guste hacer el amor en la oscuridad porque es tímida o debido a que no le agrada su cuerpo. Hable con su esposo (sí puede hacerlo) y dígale que le gustaría experimentar más, pero que necesita su apoyo. Actúe con lentitud. Empiece con el sexo por la mañana, con las persianas bajadas. Tenga sexo cuando el señor Smith se encuentre en su patio delantero. Si en cualquier momento se siente incómoda, comunique esto a su marido y abandone lo que está haciendo o, en este caso, espere hasta que oscurezca.

Recuerde que el sexo significa diversión, cercanía e intimidad. Nunca debe encontrarse en la posición de hacer algo que no desea hacer. Si su esposo tiene una fantasía específica y usted no puede seguirla, se sentirá desilusionado, pero la mayoría de las personas son flexibles cuando se trata del sexo. Es factible que encuentre algo más para que ambos lo hagan y disfruten.

El mensaje más importante aquí es que el sexo es para que lo disfruten ambos. En ocasiones, las esposas hacen ciertas cosas que no les agradan demasiado, porque saben que eso enloquece a sus compañeros. Si puede hacer eso, fabuloso. Si no, no se preocupe. No obstante, si se siente más ansiosa de lo que desea estar respecto al sexo, informe a su esposo y aclare que cualquier ensayo que hagan tendrá que ser en un medio seguro, cómodo y sustentador.

Temo hablar sobre nuestros problemas sexuales, ya que esto podría herir sus sentimientos

Si le preocupa el ego frágil de su esposo, es posible que esto tenga que ver con su propia timidez acerca de hablar del sexo. Al no hablar sobre un problema, éste empeorará con el tiempo. Si su esposo no tiene una erección o si eyacula prematuramente una o dos veces, esto no constituye un problema. El hablar al respecto quizá lo incomode todavía más. Utilice su sensibilidad y buen juicio. Si sucede algunas veces más, pregúntele lo que sucede. (Siempre es una buena idea ser revisado por un médico, si se presentan problemas sexuales repentinos. Muchos medicamentos y el inicio de algunas enfermedades son con frecuencia la causa de problemas sexuales.)

Si el problema continúa y decide hablar con su esposo, no diga:

● No tuviste erección una vez más.
● Nunca habías tenido este problema.
● Ya no me encuentras atractiva sexualmente.

En lugar de decir lo anterior, haga una pregunta abierta: "¿Qué sucede?" Permita que su esposo le diga lo que sucede.

No ponga las palabras en su boca. Si él no habla con claridad (está ansioso por el trabajo o tiene muchas cosas en la mente) no insista. Dígale que si hay algo que usted pueda hacer, debe comunicárselo.

No se comporte emotivamente respecto al problema de su esposo. Si se involucra emocionalmente en si su marido tiene una erección y lo toma como un fracaso personal cuando no la tiene, entonces, él sentirá doble presión, de sí mismo y de usted.

Tampoco se enfade ni se ponga de mal humor ni actúe como si estuviera herida. Esto sólo agravará la situación. En cambio, aborde el tema y trate de sentirse sexualmente satisfecha. Hay muchas maneras para obtener satisfacción sexual con su esposo sin tener una relación sexual, como estoy segura que lo sabe. Si todavía se siente satisfecha sexualmente o si le permite que la satisfaga sexualmente de otras maneras, su esposo tendrá una cosa menos de que sentirse culpable, preocupado o molesto.

Si el problema continúa, hable con él de nuevo y comuníquele que está preocupada. Puede decir que piensa que podría ser otra cosa que no sea el sexo lo que le preocupa y que le gustaría saber qué es y si puede ayudarlo.

Si tiene algún problema, por ejemplo, al relajarse, con la lubricación o el orgasmo, respire profundo y hable con su esposo sobre lo que le sucede. Sólo cuando él sepa lo que le sucede podrá ayudarla. También puede hablar con una amiga íntima, ya que en ocasiones, el comentar con otra mujer sus temores o confusión puede ser útil. Por ejemplo, muchas mujeres no están preparadas para los cambios que suceden al acercarse a la menopausia: resequedad vaginal, un cambio en los tiempos de respuesta, fluctuación del interés sexual. El hablar con otra persona o el leer algunos libros puede tranquilizarla y la ayudará a hablar con su esposo sobre lo que le sucede.

No culpe a su esposo de cualquier problema que tenga ni ataque su desempeño sexual. Si se está apartando sexualmente de él, examine el motivo. Con frecuencia no es un asunto sexual, sino algo fuera de la relación sexual. Si el problema es sexual, averigüe lo que la inquieta. ¿Él no es atento? ¿Se siente poco actractiva, vieja, no interesante? ¿Teme que él esté perdiendo interés y, por lo tanto, se aleja de él como una defensa?

Las mujeres en especial pueden atravesar por períodos durante los cuales no les agrada su cuerpo o no se sienten atractivas sexualmente. No es justo culpar a su esposo porque usted se siente mal respecto a sí misma. Él no comprenderá lo que sucede y se sentirá herido, rechazado o enfadado, nada de lo cual ayudará a su autoimagen. Pida a su esposo que la ayude con este problema. Coméntele que necesita atención adicional. Si es su esposo quien atraviesa por una dificultad, proporciónele el mismo apoyo que le gustaría recibir de él.

Quinto punto problema:
La vida cotidiana

Vamos a enfrentarlo. El vivir simplemente juntos sobre una base cotidiana puede ser un desafío. A usted le gusta levantarse temprano y a su esposo le encanta quedarse en la cama. A usted le gusta esquiar y su esposo prefiere el golf. Usted disfruta las comidas tranquilas en casa, con los amigos; su esposo desea reunirse con ellos en un restaurante bullicioso y concurrido. Para resolver todas estas diferencias (en cualquier día se presenta una docena de ellas) es necesario llegar a un acuerdo.

Es probable que al inicio de su relación, usted y su esposo se recrearan con sus diferencias y cada uno de ustedes apreciara el sentido de humor del otro. Se escuchaban mutuamente con respeto y respondían con consideración. Reían con los chistes y observaciones del otro. En la actualidad, después de algunos años, no hablan, sino que discuten. Lo aparta diciendo: "No deseo escuchar otra conferencia sobre China", y él la interrumpe a mitad de la frase al decir: "Ésa es una

típica respuesta liberal''. Tal vez ha escuchado el mismo chiste tantas veces que podría gritar y él dice que sus comentarios sobre su familia ya no resultan graciosos, sino mordaces.

Después de algunos años de matrimonio, quizá haya notado que su esposo se enfoca en sus propias metas, en tanto que es bastante probable que usted haya convertido a su esposo en su proyecto. Más mujeres que hombres están dominadas por la compulsión de cambiar el comportamiento de sus cónyuges. El tema de los modales es un buen ejemplo. Muchos hombres eructan cómodamente, hablan con la boca llena o, incluso, escupen en público, mientas que las mujeres rara vez lo hacen. El motivo por lo que ocurre esto es un misterio, ya que todos fuimos educados por los mismos padres. A pesar de todo, cuando su esposo hace estas cosas en su compañía, es probable que se sienta avergonzada y obligada a corregirlo. Sin embargo, de inmediato descubre que el sólo hecho de decirle que come con la boca abierta no cambia su comportamiento. El intentar avergonzarlo no da resultado. El insistir de manera constante tampoco lo cambia, aunque continúa insistiendo de cualquier manera. Durante el regreso a casa, después de cada salida por la noche, cataloga sus faltas: contó un chiste tonto con la boca llena; no fue delicado con uno de los invitados; habló con groserías; pasó por alto al mesero.

Esta clase de comportamiento llega a su culminación cuando su esposo come, bebe o fuma demasiado y usted piensa que es su deber acosarlo para que cambie dicho comportamiento *por su propio bien*. Sin embargo, una vez más, en lugar de apreciar su preocupación e intentos por educarlo, se siente controlado y resiente su interferencia. La entrenaron para enfocarse en las necesidades y bienestar de otras personas, por lo que le resultará difícil cambiar; sin embargo, es importante que cambie.

A mendudo, los hombres y las mujeres tratan agravios cotidianos de maneras muy diferentes. Es una buena idea indagar cómo enfrenta los problemas, desacuerdos y enfados

cotidianos. Las mujeres tienden a tener dificultad para expresar en forma directa la ira. Es probable que su esposo la exprese mejor. Si no le gusta algo, en lugar de decirlo, podría sonreír y soportarlo (y resentirlo) o quejarse de una manera tan sutil, que su esposo no lo capta. Cuando su esposo expresa en forma directa sus sentimientos de ira, en lugar de apreciar su candor, termina sintiéndose herida y atropellada.

La mayoría de las personas también van de la cercanía a la separación, una y otra vez. Usted y su esposo tienen un ritmo diferente: cuando se siente vinculada, él no lo está o viceversa. Puede resultar doloroso, confuso y causar ira. Debido a que están tan cerca, ven lo mejor y lo peor de cada uno. Si está de mal humor, puede ocultarlo a otras personas y desahogarse con su esposo. Los desacuerdos menores pueden crear conflictos importantes. Sus diferencias no solucionadas pueden ser la causa de un hogar lleno de tensión.

Con frecuencia resulta difícil tener en mente el gran concepto de su compromiso y amor mutuo, día a día. Es demasiado sencillo quedar atrapados en la discusión de los mismos motivos irritantes una y otra vez. Aprender a dirigirse a su esposo de una manera diferente y esforzarse juntos por cambiar es una manera más eficiente de solucionar los problemas cotidianos.

Su relación puede sufrir en otras áreas. Por ejemplo, si no hablan de una forma productiva sobre el dinero o el sexo, su frustración puede surgir en las quejas cotidianas sobre cómo su esposo se cepilla los dientes, nunca pone gasolina al coche o insiste en terminar cada llamada telefónica diciendo "Ciao". El quedar atrapado en esta clase de quejas hace imposible hablar sobre temas importantes. Usted y su esposo pueden permanecer enfadados y distanciados durante días, semanas o meses, sin ni siquiera lograr expresar lo que en realidad les molesta. Para muchas parejas, esto se reduce a no aprender nunca cómo tener una "buena riña".

Por supuesto, hay cierto comportamiento que en definitiva no tiene que aceptar. Por ejemplo, si su esposo la critica, hace comentarios sarcásticos o se niega a hacer su parte del trabajo en la casa. Por otro lado, lo que él come, cómo come y cuándo come podría ser una clase de comportamiento que sería mejor obligarse a no comentar, a pesar de que la enfade o irrite. Aprender a distinguir cuándo es una buena idea hablar sobre lo que la molesta y cuándo es mejor dejar que su marido continúe con sus hábitos es una herramienta útil.

Hace planes sin consultarme

Es probable que usted no acepte un compromiso social sin discutirlo primero con su esposo. Es posible que incluso lo consulte acerca de planes separados que hizo con una amiga para cenar o jugar tenis. Para usted, esto no significa pedir permiso, sino que, simplemente, es considerada con su pareja. Por otra parte, su esposo puede llamarla en el último minuto para avisarle que hizo planes para que ambos cenaran con algunos amigos o asociados en los negocios. A él no se le ocurre informarle si hizo planes para jugar tenis con un amigo o, incluso, si tiene planeado mirar el juego de basquetbol después de la cena. No obstante, si usted comenta lo anterior con su esposo, él podría enfadarse y decir algo como esto: "¿Quieres que te pida permiso?"

Es probable que el hecho de que su esposo asuma el mando haya sido reforzado toda su vida. Como él lo ve, usted le pide que haga justamente lo opuesto. En lugar de asumir el mando, se supone que debe pedirle permiso, algo que él considera degradante y algo que piensa que los demás lo verán también degradante.

Hable con su esposo. Reconozca su perspectiva diferente, pero recalque el aspecto de sociedad de su matrimonio.

72

Dígale que para usted, no tiene nada que ver con el hecho de reportarse o pedir permiso. No trata de controlar su independencia, sino, sencillamente, que vivan juntos de una manera respetuosa, lo que para usted significa compartir la toma de decisiones.

Diga: "Me gustaría que me informaras cuando hagas planes 'tentativos' para que salgamos juntos con amigos y que me pidieras mi opinión. Al menos, infórmame con anticipación si planeas salir a jugar golf con Fred o mirar un juego de basquetbol. Esto no lo hago para controlarte, sino para poder sentir que quedo incluida".

Con frecuencia, esto es lo único que necesita para lograr que su esposo comprenda sus sentimientos y la complazca. Una vez que comprenda lo que usted desea y por qué, cambiará su comportamiento con mayor facilidad. Quizá lo olvide algunas veces, por lo que debe recordárselo. Con el tiempo, él cambiará.

Si durante años ha dicho a su esposo que le informe sobre sus planes, pero él no cambia, tal vez sienta que lo controla. Si no dedica tiempo a explicarle por qué es importante que la consulte, sino que sólo le demuestra ira, es probable que no comprenda el punto. Puede verlo estrictamente como otra forma en que trata de debilitar su independencia. A nadie le gusta sentirse obligado a acceder a las demandas de otra persona.

Si ha intentado todo, incluyendo explicar sus sentimientos y él no lo comprende, dígale que la próxima vez que haga planes sin discutirlos con usted, no irá. Entonces, sin importar nada, sea firme. Esto puede parecer drástico, pero es la única manera en que captará su atención. Si está acostumbrado a hacer las cosas a su manera y a no ajustarse a las diferentes expectativas de una sociedad, entonces, es el momento de demostrarle, en lugar de decirle, que su comportamiento tiene consecuencias.

La primera vez que diga no, él puede insistir para que de cualquier manera vaya, diciendo algo como esto: "No hablas en serio, ¿no es así?", o "Vamos, te estás dejando llevar", o "De acuerdo, ya expresaste tu punto de vista, ahora, vamos".

Apéguese a su decisión. Si él continúa insistiendo, diga: "Te dije que la próxima vez no iría". No lo exprese con ira, sino como un hecho. Esto es importante, pues no desea proporcionar a su esposo las armas para que cambie la situación y diga que usted actúa mal. Manténgase firme en su comportamiento y deje en claro que actúa de esa manera como consecuencia del comportamiento de *él*. Su esposo cambiará dicho comportamiento.

Yo hago la mayor parte del trabajo

Es difícil negociar el equilibro del poder en una relación. Su esposo puede sentirse con derecho (porque gana más dinero que usted, porque es hombre, porque dice que necesita dormir más que usted) a que lo atienda en la casa y liberado de la tarea monótona del trabajo de la casa. Sin embargo, no hay motivo para que usted tenga que aceptar la idea de que el trabajo de la casa es tarea suya, a pesar de que muchas mujeres así lo creen.

Cada compañero en una relación tiene derechos iguales al tiempo personal. Si usted trabaja la misma cantidad de horas que su esposo, eso le da derecho a la misma cantidad de tiempo libre. Si su esposo es la clase de hombre que se siente con derecho a que lo atienda, ahora es un buen momento para averiguar si está reforzando esos puntos que le dijo que deseaba que cambiara.

Cuando deja su ropa esparcida por allí y su taza de café sobre la mesa, con la esperanza de que desaparezcan por acto de magia, ¿hace usted algo de lo siguiente?:

● Se enfada, pero decide que no vale la pena la disputa y hace lo que es necesario hacer;
● en ocasiones recoge lo que él tira y otras veces, se enfada;
● hace bromas con sus amigos acerca de lo incapaz que es él.

Si hace alguna de estas cosas, es probable que su esposo no cambie. En realidad, lo está entrenando para que no tome en serio sus quejas y peticiones de que cambie.

Si se siente como un ciudadano de segunda clase en su matrimonio, porque teme "ocasionar problemas", entonces, nada cambiará, aparte del nivel de su resentimiento, el cual será cada vez mayor. Si desea un cambio, no espere que su esposo toque el tema. Usted tendrá que hablar. Diga: "Trabajo tanto como tú, pero, al final, hago más en casa, lo cual no es justo. Necesitamos compartir más labores".

Éstas son algunas sugerencias que la ayudarán a lograr la cooperación de su esposo:

● Pida ayuda a su esposo en forma directa. No espere que se ofrezca como voluntario ni tampoco que capte sus comentarios sutiles.
● Muéstrele qué hacer y, si es necesario, dígale cómo hacerlo. El levantar la mirada cuando le dice que nunca ha utilizado una aspiradora y dejarlo solo, no ayudará. Muéstrele cómo aspirar una alfombra. (Más tarde ría de esto, cuando esté en la ducha.)
● Dividan los quehaceres. Asegúrese de que haya consecuencias si su esposo no cumple con su lista de tareas. Si olvida recoger la ropa de la tintorería y, como consecuencia, no tiene camisas planchadas, no se ofrezca a plancharle una camisa. Deje que encuentre una solución solo y, mientras tanto, no le haga pasar un momento difícil por eso. Es problema de él. Deje que lo solucione a su manera.
● Traten de hacer juntos las cosas. Fije un día para la limpieza, una vez a la semana o una vez al mes, durante el cual trabajen juntos.

● No haga de nuevo el trabajo que ya hizo su esposo ni se queje de su trabajo mal hecho. Si es tarea de él limpiar las ventanas y sacudir, muérdase la lengua y no haga comentarios si no lo hace como a usted le gusta. Si lo critica, sentirá resentimiento hacia usted y dejará de cooperar. Todo esto resultará particularmente difícil, si su esposo, además de no hacer su parte, también es una persona descuidada. Si usted hace de nuevo su trabajo, es probable que él no lo note o que no le importe.

Los siguientes son varios comentarios que me han hecho algunos esposos, junto con algunas respuestas que le sugiero a usted:

● Si su esposo dice: ''Gano más dinero que tú'', dígale que usted trabaja la misma cantidad de horas y que la cantidad de dinero no debe ser el punto a discutir. También puede recordarle que las mujeres en todo el país ganan sesenta y nueve centavos por cada dólar que ganan los hombres.
● Él puede comentar ''Mi trabajo exige más''. No ceda ante el argumento de que porque su esposo es un hombre, tiene más presión que usted en el trabajo. No discuta los detalles, sencillamente diga: ''No estoy de acuerdo''. Sin embargo, si su esposo trabaja el doble de horas que usted y gana más dinero para ambos, entonces, usted debe desear ajustar sus demandas.
● Si él dice: ''Puedes cocinar la comida mucho más pronto que yo'', primero puede reír por el comentario y después responder: ''Confío en ti. Puedes aprender''.

Si ya intentó todo lo demás, considere contratar a una persona para que limpie la casa. Si tienen fondos separados, que él pague dicha ayuda. Si su esposo está contento con este arreglo, no se queje. Mientras el trabajo esté hecho, si él desea contratar a alguien para que lo haga, eso está bien.

Si no puede darse el lujo de contratar a una persona para que limpie la casa y tiene que llegar a hacer un segundo trabajo de limpiar y cocinar, mientras su esposo se relaja frente al televisor, con una cerveza, póngase en huelga. Diga: "No estás haciendo tu parte. No actúas en este matrimonio como si fuéramos un equipo, por lo que yo tampoco lo haré. Se necesitan dos personas para formar este equipo". Deje de proporcionar a su esposo todos los artículos y servicios. Deje sus platos en el fregadero, sus calcetines en el piso, su ropa en la tintorería. Ya no cocine para él. No recoja sus latas de cerveza del cuarto de trabajo ni limpie la pasta de dientes que deja caer en el lavabo. No se muestre severa por esto, sea práctica e, incluso, alegre, si puede lograrlo. Sé que esto la enloquecerá, pero espere. Con el tiempo, él tiene que cambiar, aunque sólo sea porque necesita ropa limpia y desea de nuevo una sabrosa comida cocinada en casa.

Para aliviar su propia incomodidad durante la huelga, limpie las áreas sucias de la casa que más la perturban, como la cocina o la sala. Acepte también que si desea obtener la cooperación de su esposo, es probable que tenga que ser menos estricta con sus normas. No puede programarlo para que desee que la estufa esté tan limpia como usted quiere.

Un día está feliz y al siguiente es un gruñón

¿Cómo actúa su esposo cuando se enfada? ¿Se desquita con usted, desaparece en el taller, grita a los niños? ¿Por qué está de mal humor? ¿Pasa por un momento difícil en la oficina? ¿Se siente abrumado? ¿En general está de mal humor?

Una de las primeras cosas que necesita aclarar es que no es responsable del comportamiento malhumorado de su esposo (o de su comportamiento alegre). Las mujeres tienden a

responsabilizarse del estado de ánimo de otras personas. Quizá se culpe, trate de averiguar lo que ocasiona el mal humor o trate de cambiarlo. Analícese usted misma respecto a esto; si su esposo desea tiempo para él y usted ronda en forma constante, tratando de lograr que se sienta mejor, es parte del problema. Si éste es el caso, apártese y permita que su esposo tenga tiempo para sí mismo.

Si su esposo utiliza el mal humor para lograr que usted haga algo diferente (por ejemplo, llegar a casa un poco antes, después del trabajo, para cuidar más a los niños o no quejarse cuando él mira el basquetbol durante diez noches consecutivas) entonces, aclare la situación con él. Dígale que si algo le molesta, preferiría que se lo dijera en forma directa. Si continúa actuando como un gruñón cuando usted hace algo que a él no le agrada, no le presta atención.

Éste es un buen momento para examinar sus propias reacciones ante sus solicitudes de cambio. ¿Él se enfada porque le ha pedido repetidas veces que intente llegar a casa un poco más temprano después del trabajo y usted se ha negado de antemano? ¿Está enfadado porque usted prometió pagar la mitad de la hipoteca, pero continúa gastando dinero en ropa que no puede darse el lujo de tener? ¿No le ha dejado otra opción, porque con terquedad se rehusa a comprometerse en un asunto sobre el que podrían llegar a un acuerdo?

Podría ser que él sea simplemente un hombre malhumorado. Muchas personas lo son. Si así es, trate de no contagiarse del mal humor de su esposo. No se enfade como respuesta y no lo tome en forma personal, ya que esto no lo ayudará y hará que resulte más difícil para usted soportar su mal carácter. No puede obligar a su esposo a ser un hombre despreocupado, si no lo es, pero tampoco tiene que hundirse junto con él.

● Sea comprensiva y esté abierta para escucharlo, pero continúe con su vida.

78

- Pregunte si hay algo que pueda hacer y, después, continúe con sus asuntos. No insista en que comparta sus sentimientos con usted, si él no desea hacerlo.
- No lo fastidie para sentirse mejor.
- Permítale que conserve sus sentimientos sin competir por un escenario principal. Habrá tiempo para que usted exprese sus sentimientos en fecha posterior.
- Si él no desea ir a algún sitio o hacer algo, no insista, pero no se sienta obligada a quedarse con él. Haga planes con sus amigas para salir o asegúrese de tener cosas que desea hacer en casa, que la mantengan ocupada y entretenida.

Cuando su esposo note que se ocupa en algo de su interés, se sentirá aliviado y menos culpable o responsable de usted. También sentirá que usted respeta su espacio, lo que puede en realidad ayudarlo a olvidar con mayor rapidez su mal humor. Si su esposo intenta de alguna manera manipularla con su estado de ánimo, descubrirá que eso no da resultado. Puede encontrar otras formas para intentarlo y obtener lo que desea, como es hablar con usted.

Si durante sus días de enfado, grita a su hijo, se queja por la cena que usted dedicó tiempo para preparar o dice que su comentario sobre la deuda nacional es tonto, entonces, dígale que, por supuesto, eso no es aceptable. "Tu estado de ánimo es asunto tuyo, pero cuando interfiere en mi vida o en la de los niños, algo tiene que cambiar".

Dígale a su esposo que puede soportar su mal humor e, incluso sea compasiva y manténgase alejada de él, si lo reconoce. Pida a su esposo que diga: "Estoy de mal humor", en lugar de desaparecer en el estudio y dar un portazo o decir: "Siempre dejas cabellos en el lavabo". El solo hecho de que él reconozca que está de malas aclara la situación para usted. De esa manera, él se responsabiliza de sus sentimientos.

Sabe que sus hábitos no sanos me preocupan; sin embargo, no los cambia

Las mujeres tienden a responsabilizarse de la salud y bienestar de sus esposos. A diferencia de usted, si su esposo se preocupa por su peso, puede ser porque la encuentra menos atractiva, no porque le preocupe el estado de sus arterias. A usted también le importa la apariencia de su esposo, aunque es más probable que asuma un papel educativo y maternal en relación con su salud. Después de todo, le preocupa lo que comen sus hijos. No es un gran problema preocuparse un poco también por él. El problema es que es probable que a su esposo no le agrade ser tratado como a uno de sus hijos. Si su marido tiene algunos malos hábitos que usted intenta que cambie, en lugar de apreciar su preocupación, es factible que piense que usted es una molestia o una aguafiestas.

Vamos a examinar su parte. ¿Se siente obligada a controlar el comportamiento de su esposo? ¿También intenta controlar otras cosas, como la ropa que usa, cuánto tiempo pasa con sus amigos y qué dice a su madre? Si es así, éste es problema suyo, no de su esposo. Déle un descanso. Lo trata como a un niño, no como a un igual.

Incluso si su esposo no pone resistencia ante sus intentos por controlarlo, no crea que eso significa que le gusta. Quizá se sienta intimidado y resentido. Permita que su esposo tome sus propias decisiones y aprenda a aceptarlas. Aprender que no puede tener el control todo el tiempo es una lección importante.

Si algo le molesta en relación con los hábitos de su esposo, debe discutirlo con él. Puede decir: "Me preocupa tu salud. Tu padre murió de un ataque cardíaco y tú tienes colesterol alto; no obstante, todavía almuerzas hamburguesas grasosas todos los días". Si su esposo está dispuesto a trabajar para cambiar sus hábitos, apóyelo y pregúntele si puede

hacer algo para ayudar, como colaborar a preparar comidas más sanas. Pueden participar juntos en esto.

Si él no desea cambiar su comportamiento, usted tiene algunas alternativas:

● Puede aceptarlo como la persona imperfecta que es. Ya no intente cambiarlo. Ya no toque el tema ni lo castigue por eso.
● Elija no ser parte del comportamiento que la molesta. Por ejemplo, si él se emborracha cada vez que salen con Tom y Sally, dígale que no desea que la incluya más en ese cuarteto. Si es necesario, explique que su idea de pasar un buen rato no es mirar que su esposo se pone nostálgico desde el asiento posterior de un coche. Sin embargo, asegúrese de decirle que está de acuerdo si desea salir con ellos él solo.
● Suspenda cualquier acción que apoye o anime su comportamiento. Por ejemplo, si los hábitos alimenticios de su esposo le molestan, puede decirle que ya no comprará refrigerios para la casa. Si él desea comer Chee-tos, crema de cacahuate y Twinkies, tendrá que comprarlos él. De esta manera no contribuye a un hábito que considera dañino; no obstante, no evita que él haga lo que desea.

El hecho de enfocarse en los problemas de su esposo puede ser una manera perfecta de evitar sus propios problemas. Preste mayor atención a sí misma, en lo que le gustaría trabajar o cambiar. Con el tiempo descubrirá que trabajar consigo misma recompensa mucho más que tratar que cambie su terco marido.

No puedo lograr que salga de vacaciones o que asista a bodas

Si está casada con un hombre fanático del trabajo, es probable que tenga problemas para lograr que él llegue a cenar a casa a

una hora razonable, sin mencionar el salir de vacaciones. Tal vez, a su esposo le gustan las vacaciones, pero evita los eventos familiares como si fueran una plaga. Por supuesto, no puede obligarlo a que vaya con usted a algún sitio, pero sí puede lograr que las vacaciones parezcan lo más atractivas posible.

¿Cuando habla sobre las vacaciones dice: "Por supuesto que no deseas pasar tiempo conmigo" o "Por qué no buscas otra vida"?

Tal vez debería intentar decir: "Piensa en esto: sexo en una playa remota en Jamaica. ¿No te parece eso divertido?", o "Si pudieras ir de vacaciones a cualquier parte que quisieras, ¿a dónde irías?"

Es importante averiguar por qué su esposo no desea tomar unas vacaciones (si usted no lo sabe ya). Por ejemplo, ¿le preocupa el dinero? ¿Puede asegurarle que sus finanzas están bien? ¿O acaso su idea sobre unas vacaciones es diferente de la suya? ¿Planea un recorrido por diecisiete países, en diez días, cuando él ya está extenuado por el trabajo? En ese caso, empiece con algo pequeño y haga lo que sabe que a él le gusta. Vayan a pasar el fin de semana a algún sitio del país. Incluya actividades que a él le agraden, como sentarse en la playa, leer, pescar o caminar. La idea es que comprenda que hay diversión fuera del trabajo y que la oficina funciona bien sin él.

¿Y qué hay si usted ha deseado visitar Grecia durante toda su vida y su esposo no tiene el más mínimo interés? Considere salir sin su esposo. Viajar con una amiga o en una excursión quizá no sea su primera elección, pero es mejor que no salir.

Una cosa que aprenden la mayoría de las parejas, después de pasar algún tiempo juntas, es que no están unidas por la cadera. Al principio de su relación, tal vez habría parecido amenazante si alguno de ustedes sugiriera salir de vacaciones

separados. En la actualidad, es probable que sea una señal de salud de su relación, si pueden hacerlo.

Si regresa después de haberse divertido mucho y se controla para no molestar a su esposo por no haber ido, puede despertar su interés. (¡Sin embargo, no cuente con eso!)

Ahora hablaremos acerca de esas molestas funciones familiares. Tal vez no desee asistir tampoco a la boda de su primo en segundo grado, pero si es como la mayoría de las mujeres, es probable que se sienta obligada, mucho más que su esposo, a asistir a los eventos familiares. Una vez más, no puede obligar a su esposo a asistir a una fiesta de cumpleaños de su tía abuela y pisa terreno especialmente peligroso si él nunca asistió a dichos eventos antes de que usted lo conociera; sin embargo, puede hablar acerca de eventos como ése de una manera que él escuchará. Éstas son algunas sugerencias:

● No le diga que tiene que ir. La verdad es que él no tiene que ir.
● No insista para que asista a todos los eventos con usted ni intente hacer que se sienta culpable.
● Elija sus diez eventos principales para el año. Éstos pueden ser reuniones familiares, obras de teatro, conciertos o cualquier otra cosa. Pídale que asista a dichos eventos con usted. Es probable que su esposo sea un hombre amable; si limita las funciones y le informa las que en verdad son más importantes para usted, es probable que asista.
● No le diga que es torpe si no desea asistir a escuchar una sinfonía y opta en cambio por mirar el fútbol. Vaya con una amiga y diviértase.

A muchas mujeres les afecta lo que otras personas piensan que es socialmente aceptable. Es preciso tener un sentido sano de autonomía dentro de su relación, en ocasiones como ésta. Lo que su esposo elige hacer no debe ser y no es un reflejo de

usted. Cuando usted asiste a eventos de los que su esposo se ha retirado, no lo excuse ni se avergüence porque no asistió. Si le preguntan, sea honesta: "Harold rara vez asiste a las bodas". Si alguna persona la interroga más, diga: "Habla con Harold".

Discutimos por todo

Si usted dice "6:05" cuando su esposo le dice que el sol saldrá a las 6:00; si él dice sí, cuando usted dice no; si usted opina que "No es gracioso", cuando él ríe por un chiste, entonces, es el momento de que retroceda e indague por qué usted y su esposo discuten por todo.

En ocasiones, las parejas pierden el "factor cortesía" y se tratan mutuamente en formas (ruda, con confrontación, desdeñosa, con enfado, impaciente) con las que no soñarían tratar a otras personas. Existen varios motivos por los que esto puede suceder en un matrimonio. ¡Es factible que le enfade el hecho de que después de años de matrimonio, todavía no ha podido lograr que cambie su manera de pensar sobre ciertos asuntos! Quizá esté repitiendo un patrón de comunicación que aprendió de sus padres. Entonces, de nuevo, discutir es en ocasiones un hábito en el que caen muchas parejas sin darse cuenta. No obstante, sin importar los motivos, si usted cambia su comportamiento, existe una buena probabilidad de que su esposo también cambie. Las siguientes, son algunas sugerencias para ayudarla a romper el patrón de discusión:

● Acepte no estar de acuerdo. Si discute en forma constante sobre política o religión, por ejemplo, sugiera un tregua. Diga: "Es probable que nunca lleguemos a estar de acuerdo sobre estos temas. ¿Por qué no acordamos no estar de

acuerdo sobre éstos y los olvidamos por un tiempo, a no ser que alguno de los dos cambie de opinión?'' Si su esposo continúa comentando sobre estos temas, puede decir sencillamente: ''Acordamos estar en desacuerdo''.

● Si su esposo busca una discusión, no muerda el anzuelo. Si él continúa insistiendo, sólo diga: ''No deseo discutir''. También puede preguntar: ''¿Qué es lo que en realidad te inquieta?''

● Aprenda a decir cosas tales como: ''Ése es un buen punto'' o ''Tienes una perspectiva interesante''. Sí, es probable que se le dificulte las primeras veces, pero resultará más sencillo después de un tiempo. A la larga, evitará muchas discusiones inútiles.

● En lugar de estar atenta a noticias sobre las que pueden discutir, ponga interés en los puntos sobre los que pueden estar de acuerdo y coméntelos.

● Cambie el tema. Diga: ''Sabes que nunca estamos de acuerdo sobre eso. Vamos a caminar o al cine''.

Si usted y su esposo están distantes y constantemente irritados mutuamente debido a discusiones sobre problemas cotidianos pequeños (quién lavó los platos la última vez, quién dejó de nuevo encendidas las luces del pórtico, quién permite que el perro salte sobre la cama), existe una buena probabilidad de que *discutan* para evitar *reñir*.

Es posible que en el pasado hayan reñido algunas veces y esto fue un desastre (dio portazos, su esposo gritó lo bastante fuerte como para asustarla, ambos dijeron cosas que lamentan). En la actualidad evita a toda costa reñir. Tal vez nunca ha reñido porque sabe que sería un desastre.

Muchas parejas temen reñir. Las discusiones sobre molestias cotidianas pueden continuar por siempre. No hay mucho en juego. Sin embargo, reñir es una historia diferente. Si usted y su esposo riñen, esto significa que dirá lo que siente

en realidad y escuchará lo que él siente en verdad y las dos cosas resultan difíciles para muchas personas. A pesar de lo anterior, expresar lo que siente y escuchar los sentimientos de su esposo es esencial para la salud general de su relación. El reñir es sano, si lo hace bien.

Fije sus reglas para reñir, antes de una riña. Discutan cómo resultará "segura" la riña para ambos; por ejemplo: sin amenazas, gritos, golpes o insultos. Puede solicitar que su esposo no se aleje, si usted dice algo que a él no le agrada. Él podría decirle que no desea el "tratamiento silencioso" después de que riñeron. Puesto que toda la idea detrás de una "buena riña" es comunicar sus sentimientos a su esposo y escuchar también lo que él siente, no debe haber motivo para guardar rencor posteriormente.

Éstas son algunas sugerencias generales para que una riña resulte productiva:

- Sea específica. En lugar de decir: "No te importo", diga, "Estoy furiosa porque coqueteaste con la mesera en el restaurante" o "¡Estoy enfadada porque no cumples con las tareas de la casa que aceptaste hacer!"
- Manténgase en el tema. Discuta sobre una cosa a la vez. No comente que él le gritó a su hijo el día anterior o que siempre hiere sus sentimientos. En realidad, no utilice palabras tales como siempre y nunca.
- Tenga un objetivo en mente. "Me gustaría que me prestaras atención cuando salimos a cenar" o "Deseo que cumplas con el trabajo de la casa que te comprometiste a hacer".
- Escuche lo que su pareja tiene que decir sobre usted. En ocasiones, lo que dice un esposo hiere, pero es verdad: "Me enfada que hayas hechos comentarios despectivos sobre mí a tu madre", "Te quejas porque no paso tiempo contigo, pero cuando anoche llegué temprano, llamaste a tu

amiga y permaneciste en el teléfono hablando con ella durante cuarenta y cinco minutos'' o ''Siento como si esperaras que te cuidara''.

El compartir lo que siente respecto a su esposo con él y escuchar los sentimientos que él tiene acerca de usted significa que está abierta al cambio y al desarrollo personal y eso es lo que son las buenas relaciones.

Bibliografía

Allman, William F. Julio de 1993. "The mating game". *U.S. News and World Report*.

Anderson, Joan Wester, Junio 8 de 1993. "Partners in grime". *Woman's Day*.

Baruch, G., y R. Barnett. 1986. "Role quality, multiple role involvement, and psychological well-being in midlife women". *Journal of Personality and Social Psychology 51: 578-585*.

Coverman, S. 1989. *"Women's work* is never done: the division of domestic labor". En *Women:* A feminist perspective, ed. Jo Freeman, Mountain View, Ca.: Mayfield.

Eisler, Riane. 1987. *The chalice and the blade: Our history, our future.* Cambridge, Mass.: Harper & Row.

Gibbs, Nancy R. Junio 28 de 1993. "Bringing up father". *Time*.

Gray, John. 1993. *Men are from Mars, women are from Venus.* Nueva York: HarperCollins Publishers.

Hochschild, Arlie y Anne Machung. 1989. *The second shift: working parents and the revolution at home.* Nueva York: Viking.

Klagsbrun, Francine. 1985. *Married people: Staying together in the age of divorce.* Nueva York: Bantam Books.

LaRouche, Janice y Regina Ryan. 1984. *Janice Larouche's strategies for women at work.* Nueva York: Avon Books.

Lerner, Harriet Goldhor. 1985. *The dance of anger: a woman's guide to changing the patterns of intimate relationships.* Nueva York: Harper & Row.

Meyer, Patricia H. 1980. "Between families: The unattached young adult". En *The family life cycle: A framework for family therapy,* ed. Elizabeth A. Carter y Monica McColdrick. Nueva York: Gardner Press, Inc.

Millman, Marcia. 1991. *Warm hearts and cold cash: The intimate dynamics of families and money.* Nueva York: New York Free Press.

Minuchin, Salvador y H. Charles Fishman. 1981. *Family therapy tecniques.* Cambridge, Mass.: Harvard University Press.

Pleck, J. H. 1983. "Husband paid work and family roles: Current research issues". En *Jobs and families,* ed. Helena Lopata y Joseph H. Pleck. Current Research on Occupations and Professions Serial, vol. 3. Greenwich: Jai Press.

Reinisch, June M. 1990. *The Kinsey Institute new report on sex.* Nueva York: St. Martin's Press.

Scarf, Maggie. 1987. *Intimate partners: Patterns in love and marriage.* Nueva York: Ballantine Books.

Schor, Juliet. 1991. *The overworked American: The unexpected decline of leisure.* Nueva York: Basic Books.

Tannen, Deborah. 1990. *You just don't understand: Women and men in conversation.* Nueva York: Ballantine Books.

Tavris, Carol. 1989. *Anger: The misunderstood emotion.* Nueva York: Simon & Schuster/Touchstone.

ESTA EDICIÓN SE TERMINÓ DE IMPRIMIR
EL 9 DE MAYO DEL 2001 EN LOS
TALLERES DE IMPRESORA PUBLIMEX, S.A. DE C.V.
CALZADA SAN LORENZO 279, LOCAL 32,
09900, MÉXICO, D.F.